PRÉCIS

POLITIQUE ET MILITAIRE

DE LA

CAMPAGNE DE 1815.

PRÉCIS

POLITIQUE ET MILITAIRE

DE LA

CAMPAGNE DE 1815,

PAR

LE GÉNÉRAL JOMINI.

BRUXELLES.

MELINE, CANS ET COMPAGNIE.

LIVOURNE.	LEIPZIG.
MÊME MAISON.	J. P. MELINE.

1846

Ce volume était le dernier d'un ouvrage déjà publié depuis douze ans; mais comme le manuscrit de cette campagne avait été malheureusement égaré, l'éditeur fut forcé d'y suppléer à la hâte et un peu incomplétement. Le manuscrit primitif s'étant retrouvé par un événement imprévu, je m'empresse de le rétablir dans son intégrité, avec cette différence cependant, que je le présente en mon nom, au lieu de mettre le récit dans la bouche de Napoléon. J'ai eu un puissant motif d'en agir ainsi : c'est que la rapidité de la chute de l'Empereur et son exil ne lui ayant pas permis de se procurer des renseignements exacts de ce qui s'était passé, non-seulement dans son armée, mais encore dans celle de ses adversaires, il avait fait rédiger à Sainte-Hélène des relations avec lesquelles un historien désintéressé ne pouvait pas entièrement s'accorder, en sorte que l'on eût été dans la nécessité de lui faire dire des choses qu'il avait jugées tout différemment.

Les reproches que l'Empereur a faits à Ney et à Grouchy, et que ceux-ci lui ont rendus avec usure, avaient tous, plus ou moins, quelque chose de spécieux. J'ai cherché à être impartial dans la manière dont je les ai présentés. Napoléon ne donna pas toujours ses ordres d'une manière irréprochable ; ces ordres ne furent pas toujours bien exécutés ou interprétés, et ses lieutenants ne surent point suppléer à ce qu'ils avaient d'incomplet et de vague : voilà la vérité. Si je reproche à Napoléon quelques fautes dans les matinées du 16 et du 17 juin, on ne saurait me soupçonner de vouloir jeter le moindre nuage sur son immense génie et sur sa gloire que j'ai proclamés dans tous mes ouvrages plus hautement que personne. Mais plus il a cueilli de lauriers, moins on doit vouloir en orner son front aux dépens de ses lieutenants.

Pour ce qui concerne la partie politique, il n'est pas si aisé de prononcer entre son système et celui de ses détracteurs ; au premier rang de ceux-ci figurent tous ces hommes à utopies ultralibérales, professant la doctrine étrange, que la force dans le gouvernement et le despotisme sont une même chose, et que, sous prétexte de faire du libéralisme, il faut museler à tout prix l'autorité chargée de diriger les destinées d'une nation. Il est évident que Napoléon en jugeait tout autrement, et il est permis de croire qu'en principe il avait raison : peut-être pécha-t-il en exagérant ses doctrines de force ; mais le juste milieu entre la nullité du pouvoir et un peu d'arbitraire, est fort difficile à établir. L'avenir prouvera sans doute qu'entre deux écueils, l'Empereur voulut choisir le moindre, car l'avilissement du pouvoir exécutif sera toujours le signal le moins équivoque de la décadence d'une nation : cette décadence, à la vérité, ne sera pas toujours brusque et sensible aux yeux du vulgaire, mais elle deviendra l'ouvrage du temps, si une main puissante ne vient y porter un prompt remède en saisissant le gouvernail. Du reste, ma tâche n'est point de condamner ou d'absoudre : ce sera à la postérité qu'il appartiendra de prononcer.

Je terminerai en faisant observer que les points de vue qui dominent cet ouvrage, étant ceux que l'on retrouve dans tous les actes de Napoléon, l'auteur se trouvait dans la double nécessité de les adopter et d'écrire dans le sens de ses intérêts, c'est-à-dire, en se plaçant au quartier général du héros de cette histoire, et non à celui de ses antagonistes.

1838.

G. J.

PRÉCIS

POLITIQUE ET MILITAIRE

DE LA

CAMPAGNE DE 1815.

Situation de la France après le départ de Napoléon pour l'île d'Elbe ; il se décide à y retourner, descend à Cannes avec mille hommes, marche en triomphe jusqu'à Paris, et remonte sur le trône. — Coalition générale de l'Europe contre lui. — Campagne de 1815. — Batailles de Ligny et de Waterloo. — Seconde abdication. — Fin de la carrière de Napoléon.

Retraite de Napoléon à l'île d'Elbe.

L'Europe, remplie pendant vingt ans des victoires de Napoléon et de ses gigantesques entreprises, était encore tout étourdie de la chute si rapide d'un empire dont la puissance, naguère encore, menaçait l'indépendance universelle. On ne pouvait concevoir que six mois eussent suffi pour amener les alliés des rives de l'Elbe à celles de la Seine, et pour dicter à la France les terribles traités de Paris. — Le congrès

1.

de toutes les puissances, assemblé à Vienne, s'efforçait de concilier les nombreuses prétentions surgissant de toutes parts pour le partage des dépouilles de cet audacieux conquérant qui, deux ans auparavant, avait osé mettre un pied sur Cadix et l'autre sur Moscou. La tâche était difficile, car ce grand acte diplomatique devait avoir le double but de rétablir l'équilibre politique si fortement ébranlé, et de régler désormais le droit public européen bouleversé de fond en comble par les orages de la révolution.

Descendu du trône du plus puissant empire à la souveraineté dérisoire de l'île d'Elbe, par suite de son abdication de Fontainebleau, séparé de sa femme et de son fils d'une manière presque humiliante, et dont l'histoire fera un jour de justes reproches à ses ennemis, Napoléon s'était retiré à Porto-Ferrajo, comme Scipion dans son asile de Literne, en quelque sorte exilé, et plus mécontent de l'abandon de ses compatriotes que de la persécution de ses adversaires.

Condamné par le destin à n'être plus qu'un spectateur passif des grandes affaires du monde, qu'il avait dirigées depuis quinze ans par l'ascendant de son génie, il emportait néanmoins avec lui le secret pressentiment d'être appelé tôt ou tard à reparaître sur la scène; il connaissait trop les hommes et les affaires pour se dissimuler toute l'étendue des embarras qui assiégeraient les Bourbons lorsqu'il s'agirait de gouverner un pays devenu méconnaissable depuis qu'ils l'avaient quitté, et profondément humilié par les circonstances désastreuses qui les y avaient ramenés. Napoléon s'attendait donc bien qu'après le premier enivrement occasionné par la paix générale, d'immenses intérêts et de violentes passions seraient aux prises, en sorte que la partie la plus énergique de la nation française ne tarderait pas à regretter son règne et à désirer son retour.

Cependant l'incertitude de l'époque où cela devait avoir lieu, et l'impuissance où il se trouvait d'en faire naître lui-même l'occasion, l'empêchant de former des plans, l'ex-Empereur s'en consolait en s'occupant à tracer l'histoire de sa vie, et à entretenir le feu sacré au sein de ses partisans, lorsque la marche des événements se précipita à tel point qu'il fut arraché à sa retraite beaucoup plus tôt qu'on ne s'y attendait.

Nouvelles de la division des partis en France.

Indépendamment des avis particuliers qu'il recevait de la reine Hortense et de quelques amis fidèles, les journaux auraient suffi pour l'instruire de l'état des affaires ; car, malgré la censure qui pesait sur eux, et malgré leurs mensonges, les diverses passions dont ils se faisaient les interprètes perçaient aux yeux des moins clairvoyants, et dévoilaient l'agitation qui régnait dans le royaume.

A la vérité, Louis XVIII sembla d'abord avoir parfaitement apprécié l'esprit du siècle, en se persuadant que la majorité de la France désirait consolider les résultats de la révolution. Ce prince avait jugé, après vingt ans d'expérience, que son parti était trop faible pour résister aux vœux de l'immense majorité des classes moyennes qui, dans un pays dénué d'institutions aristocratiques , finit toujours par dicter la loi (1). Il sentait que, pour se maintenir sur le trône, il fallait régner avec cette majorité, c'est-à-dire, avec les intérêts de la révolution : *Henri IV avait dit que Paris valait bien une messe, Louis XVIII pensa que la couronne de France valait bien une constitution.*

Il était évident qu'il ne pouvait gouverner par les anciennes magistratures du royaume, dont il ne restait aucun vestige ; ce n'était ni avec les défunts états de Bretagne, ni avec ceux de Languedoc ou de Bourgogne, qu'il eût été possible de mener la France de 1814. Il fallait donc recréer la machine entière sur de nouvelles bases, et, pour ne pas subir les principes révolutionnaires, il fallait que le roi refit l'œuvre de la révolution en vertu du droit divin, sur lequel il fondait les siens : il octroya donc une charte (2).

(1) L'opinion émise ici paraît avoir inspiré à Napoléon ses fameux décrets de Lyon ; mais, dans tout le reste de sa carrière, il semble avoir eu la conviction que, s'il est toujours bon d'agir sur l'esprit des masses, il n'est pas moins vrai que les majorités ou les masses sont plutôt faites pour être contenues et menées, que pour influencer elles-mêmes la direction des affaires. Dans les grandes questions de la politique, les voix doivent se peser et non se compter, car on sait combien les masses sont étrangères à ces questions, même chez les peuples qui se prétendent les plus civilisés.

Qu'attendre, en effet, de l'habileté politique de la multitude, lorsque, au sein d'une assemblée de quatre à cinq cents députés représentant les notables d'un pays, on aurait peine à trouver cinquante hommes d'État dignes de ce nom ? Heureux encore si, parmi ceux-ci, il y a deux ou trois politiques du premier ordre !

(2) Plusieurs écrivains ont affirmé que Louis XVIII ne songea à donner une charte que sur les instances réitérées de l'empereur Alexandre. Nous avons la certitude qu'en effet le monarque russe

Fautes reprochées à tort à Louis XVIII.

Bien des publicistes ont blâmé Louis XVIII de cette importante mesure; et en la jugeant d'après les résultats qu'elle produisit, on est forcé d'avouer qu'elle remplit mal son but. S'il eût été possible de saisir la dictature d'une main vigoureuse et de gouverner par des ordonnances royales, il est incontestable que c'eût été le parti le plus sûr; mais tout porte à croire que la chose était impraticable; le roi n'avait donc qu'à décider quelle machine gouvernementale il conviendrait de substituer à celle qui venait de s'écrouler sous les coups de l'Europe entière. Rétablir les parlements ou les états de provinces eût été chose impossible, comme on vient de le dire; cela eût d'ailleurs froissé trop d'intérêts vivaces et trop d'opinions pour qu'il fût possible de le tenter. Substituer au glorieux et énergique empire de Napoléon le pouvoir absolu d'une camarilla d'émigrés, était le rêve de quelques songe-creux : si on les avait écoutés, la restauration n'eût pas duré six mois.

donna ce conseil au prince français à Compiègne; mais il est peu probable que la charte de 1814 ait été une improvisation de quelques jours; tout fait donc présumer que les opinions des deux souverains se trouvèrent d'accord en cette occasion, et que le roi avait médité son pacte dans l'exil.

Quoi qu'il en soit, sa déclaration de Saint-Ouen du 2 mai fut suivie d'un pacte dont les dispositions, convenues entre MM. Ferrand, Montesquiou et Dambray, furent rédigées par M. Beugnot, et discutées ensuite avec une commission prise dans le sein des autorités établies par l'empire.

Une femme, douée d'un esprit supérieur toutes les fois qu'elle ne parlait pas politique, a prétendu que les Bourbons auraient dû prendre l'empire comme ils l'avaient trouvé : « *Le lit était si bien fait,* disait-elle, « *qu'il ne s'agissait que de s'y coucher.* » Cette phrase de madame de Staël, qui eut tant de succès dans les frivoles salons de Paris, n'était qu'un *nonsens*. Comment le frère et successeur de Louis XVI aurait-il pu reconnaître un sénat dont aucun peuple de l'Europe n'eût voulu, après la conduite qu'il avait tenue envers son fondateur, et qui deux fois en moins de dix ans s'était permis de disposer du trône? Quant au corps législatif muet dont on avait fait tant de reproches à l'empereur, qui n'avait osé élever la voix qu'au moment où un million d'ennemis allait envahir la France, c'est-à-dire au moment où il eût fallu se taire et se rallier au chef de l'État, et qui avait ainsi forcé Napoléon à le dissoudre, il est certain qu'il eût mieux favorisé le rétablissement de l'autorité royale que la tribune publique, toujours prête à servir d'arène aux passions ; mais il est douteux qu'il eût été bien accueilli de la France.

D'ailleurs les institutions impériales flattaient si peu les opinions du libéralisme, que les meneurs doctrinaires du sénat, qui avaient renversé Napoléon, s'étaient empressés de faire aussi une charte à leur guise, afin de l'imposer aux Bourbons ; or, Louis XVIII, décidé à repousser cet acte illégal, devait à l'opinion dominante d'en promulguer une autre qui rassurât les intérêts menacés.

Partis que le roi avait à prendre.

Le roi n'avait donc que le choix entre deux partis ;
le premier était d'octroyer une charte, comme il le fit ;
le second était de gouverner provisoirement par dictature, en convoquant une assemblée constituante
pour travailler, de concert avec ses ministres, à la
confection d'un pacte national qui, sanctionné par les
notables de la France, deviendrait irrévocable, et
offrirait ainsi le double avantage de garantir les intérêts du trône aussi bien que ceux de la nation.

Le premier de ces partis lui parut le plus prudent :
d'abord parce qu'il était une concession volontaire, et
n'impliquait point la reconnaissance du principe de
souveraineté nationale, comme le second l'aurait fait :
or, ce principe, si spécieux en théorie, pouvant facilement dégénérer en système de monarchie élective,
Louis XVIII devait le repousser de tout son pouvoir.
Ensuite il était pour le moins douteux qu'un pacte
bien complet, bien mûri et bien solide, pût émaner
d'une assemblée constituante, quelque restreint que
fût le nombre de ses membres. Et si, au lieu d'une
assemblée élective, on se contentait d'une commission
de quarante à cinquante membres désignés par le
gouvernement provisoire, à laquelle on donnerait
l'initiative de toutes les combinaisons du pacte, ainsi
que cela s'était fait après le 18 brumaire, quelle
garantie une telle autorité eût-elle présentée ? Quelle
force aurait eue un pacte ainsi fabriqué ? Un roi a
toujours le droit de donner des institutions là où il
n'en existe pas ; mais de quel droit une réunion de

cinquante légistes, dénués de tout mandat légitime, imposerait-elle un contrat, à la royauté d'un côté, et à la nation entière de l'autre, sans le soumettre, sinon au vote des assemblées primaires, du moins à celui des notables spécialement désignés à cet effet par le pays? Or, ces deux moyens étaient également incompatibles avec les antécédents du monarque et avec les vrais intérêts de sa couronne (1).

La formalité de soumettre les constitutions au soi-disant vœu populaire était devenue en effet, depuis la révolution, une véritable comédie, car, depuis la fameuse constitution ochlocratique de Hérault de Séchelles en 1793, jusqu'au vote de l'empire héréditaire de 1815, il n'y eut pas de misérable pacte qui n'obtînt 2 à 3 millions de suffrages, et chacun sait ce que valent les suffrages de la multitude en ces sortes de matières, sur lesquelles les esprits les plus élevés ont tant de peine à s'entendre. Les institutions d'un grand pays doivent venir de ses chefs, ou, à leur défaut, de ses notables ; et si ceux-ci ne sont pas capables de les bien rédiger, le vote des masses, loin de les améliorer, ne saurait pas même en juger le mérite ; par conséquent il ne serait apte ni à les approuver ni à les rejeter. Si Napoléon y recourut plusieurs fois lui-même, c'est qu'il tenait toute sa puissance de l'élection, et qu'il n'était pas en son pouvoir de lui donner une autre base.

(1) Je dois rappeler ici, une fois pour toutes, que les principes émis dans ce volume s'appliquent uniquement à la France et aux autres monarchies dites constitutionnelles ; ces formes ne sauraient convenir à tous les pays..., pas plus aux États-Unis d'Amérique qu'à la Russie ou à l'Autriche.

Du reste, le plus important de tous les problèmes de haute politique intérieure sera toujours celui de bien fixer la forme et les bornes d'une intervention nationale dans les institutions monarchiques : l'intervention du pays dans la gestion des affaires ordinaires est un point qu'on ne saurait raisonnablement lui contester, bien que, pour la rendre utile, il faille encore qu'elle soit sagement réglée ; mais, en fait de lois fondamentales surtout, l'initiative ne saurait lui appartenir, car, si les députés ont jamais le droit de bâcler des chartes et d'élire des rois, alors la monarchie devient purement élective, et on sait assez quel fut le sort de tous les États régis par ce déplorable système.

Le roi octroie une charte débattue au sein d'une commission.

Louis XVIII était trop bien pénétré de ces vérités pour ne pas juger qu'une charte élaborée par les conseillers du trône serait le parti le plus sage, puisqu'il éviterait en même temps le danger auquel on s'exposerait en voulant gouverner par ordonnances royales, et le danger plus grave encore d'abandonner la confection de ce pacte à une réunion de légistes animés de passions et de doctrines les plus hostiles.

Placé ainsi dans l'alternative de mettre au néant toutes les traditions d'une monarchie de quatorze siècles, en renonçant à tous les droits qui font à la fois la splendeur et la solidité du trône, et en se laissant imposer des lois perturbatrices, ou bien de mécontenter la nation en agissant par son seul *bon plaisir* sans consulter le pays, Louis XVIII chercha à concilier autant que possible les droits du passé et les opi-

2

nions du présent, avec une juste prévoyance pour
l'avenir. Il se flatta d'atteindre ce but en faisant sanctionner son pacte par une commission composée d'un
égal nombre de sénateurs et de membres du corps
législatif choisis parmi ceux qui avaient acquis une
popularité éphémère en déclamant le plus contre le
pouvoir impérial. Cette mesure, dont l'intention était
bonne, ne servit néanmoins qu'à introduire deux ou
trois déplorables amendements dans le projet royal,
et n'empêcha point les utopistes de toutes les nuances
de crier au scandale, parce que, disaient-ils, la loi fondamentale, étant l'œuvre d'un petit nombre de familiers du prince, ne pouvait être qu'un acte attentatoire
à la souveraineté du peuple ou de la nation.

Observations sur les divers principes de gouvernement.

Comme la position personnelle de Napoléon le mit
dans la nécessité de parler beaucoup lui-même de cette
souveraineté, qui était au fond la seule base de son
droit à exercer l'autorité suprême, il ne sera pas hors
de propos d'exposer ici la manière dont tout homme
d'État sage doit l'envisager, et dont sans doute il l'en-
visageait aussi (1).

De nos jours la politique spéculative a produit une
véritable confusion des langues, et, pour me faire bien
comprendre, je sens le besoin de renouveler ici une

(1) On trouvera quelques contradictions entre ces principes
et plusieurs des actes de Napoléon ; mais il ne faut pas oublier
que sa position lui imposa bien des déviations dei ses véritables
principes, qui percent, du reste, dans toutes les grandes mesures
de son gouvernement.

espèce de profession de foi. En politique intérieure, il y a quatre choses essentiellement différentes : la théorie et la pratique, les hommes et les systèmes. Je me dispenserai de parler ici des différentes espèces d'hommes se croyant politiques, et je ne traiterai que des choses, c'est-à-dire, des systèmes et des doctrines : j'observerai seulement en passant que les hommes appelés à diriger un État sont souvent dans la nécessité d'adopter des systèmes qui ne seraient pas dans leurs principes : un législateur et un publiciste sont, à cet égard, dans une situation plus indépendante; mais un prince, un chef d'État, un premier ministre, étant obligés de mettre en action les éléments qu'ils ont à leur disposition, se trouvent ainsi dans le cas d'agir d'après des dogmes qui ne sont pas les leurs, et ce fut surtout le cas de Napoléon en 1815.

Des publicistes fort ingénus ont imaginé de bonne foi qu'en fait de combinaisons politiques, tout était nouveau sous le soleil depuis 1789. Cependant il n'y a, à ma connaissance, que cinq formes de gouvernement, qui existèrent de tout temps, et auxquelles on n'a pas su ajouter grand'chose de nos jours; ce sont : la monarchie héréditaire absolue; la monarchie héréditaire limitée par des institutions; la monarchie élective; la république aristocratique ou oligarchique; enfin, la république démocratique. Je me suis expliqué sur ces différentes sortes de gouvernements (1). Les unes ont beaucoup d'avantages mêlés à quelques défauts; d'autres ont de graves

(1) *Vie politique et militaire de Napoléon.* 2 vol. grand in-8°. Bruxelles, Meline, Cans et comp.

défauts tempérés par de faibles avantages. J'ai signalé les uns et les autres.

Quand il s'agit de donner un gouvernement à un pays qui s'en trouve momentanément dépourvu par des catastrophes quelconques, il faut bien choisir une des cinq formes indiquées. Mais quelle que soit celle que l'on préfère, il faut se pénétrer profondément de cette vérité : Qu'il n'y a pas de nation forte, puissante et redoutée, sans un gouvernement qui soit fort et respecté chez lui. Qu'il n'y a pas de gouvernement capable de mener un peuple à de hautes destinées, quand l'autorité est humiliée par ceux mêmes qui devraient se faire une loi de l'élever au plus haut degré de considération. Enfin, qu'il n'y a pas de liberté et d'ordre possibles sans respect pour les princes, les chefs ou les magistrats.

S'il est reconnu que de nos jours la république serait absurde dans un grand État européen, avec de vieilles sociétés à peine sorties des langes de la féodalité ; si la monarchie est la seule forme proposable, on n'a donc qu'à se prononcer entre l'élective et l'héréditaire, entre l'absolue et la limitée.

Vices et dangers de tout système électif.

Quoique je me sois déjà expliqué sur les dangers de tout gouvernement électif, principalement quand ce système s'applique à la monarchie, je dois rappeler ici ce que j'en ai dit. En ne consultant que les apparences, sans doute ce régime semblerait le plus fondé en raison, et cependant rien n'est plus contraire à la solidité, à la grandeur, et même à la conservation des Etats, car ce n'est pas autre chose que la guerre civile et l'anarchie introduites légalement dans le pays à la mort de chaque roi. Les songe-creux qui le prônent sans cesse, ne savent pas qu'aucune monarchie élective n'existerait un siècle au milieu de voisins puissants, jaloux et intéressés à intervenir dans chaque succession au trône, pour exciter la guerre civile où faire élire un roi à leur convenance. Ils oublient que la Pologne a péri uniquement parce qu'elle était une monarchie élective *dotée de rois-citoyens ;* que la Hongrie et la Bohême ont été englouties par la même raison. On sait ce que l'Empire fédératif et électif a produit de déchirements à l'Allemagne. Les grands-ducs de Moscou et les archiducs d'Autriche, possesseurs héréditaires de faibles provinces, ont au contraire fondé les deux plus puissantes monarchies de nos jours, aux dépens des républiques et des monarchies électives dont ils étaient entourés. Si la France, fatiguée du despotisme de Louis XI (qui lui procura cependant tant de force), eût imaginé d'en chercher le remède dans un gouvernement électif, il y a longtemps qu'elle serait effacée de la carte d'Europe comme puissance politique. Le plus grand des services que Napoléon lui ait rendus est bien certainement celui d'avoir aboli son gouvernement électif pour la ramener à de plus sages institutions.

Observations sur les deux systèmes de l'hérédité légitime, soit de droit divin, soit d'institution humaine.

Ce fut après avoir reconnu ces incontestables vérités, que tous les législateurs habiles adoptèrent de siècle en siècle le principe de la légitimité, ou l'or-

2.

dre de succession héréditaire, comme la véritable sauvegarde des États monarchiques (1). Mais un fait qui a été trop méconnu de nos modernes Solons, c'est que ce principe fut établi bien plus dans l'intérêt de l'État que dans celui d'une dynastie quelconque ; et que, dès lors, on ne saurait lui porter la moindre atteinte dans les lois fondamentales, sans se préparer de grands bouleversements pour l'avenir.

La monarchie élective n'étant donc pas plus convenable que la république, il ne restera alors qu'à choisir entre la monarchie héréditaire absolue ou celle qui serait limitée par des institutions : chacune a son bon côté comme ses inconvénients. Si le prince était toujours un homme juste, ferme, grand politique ; ou si, à défaut de quelques-unes de ces qualités, il était toujours entouré de ministres probes et habiles, la monarchie absolue serait certainement le gouvernement par excellence. Si les chambres d'un pays constitutionnel étaient toutes composées de véritables hommes d'État, incorruptibles, impartiaux, sans vanité ni ambition, sans esprit de parti ou de coterie, ne rêvant que la grandeur du pays et le respect de la dynastie, ne sacrifiant en un mot qu'à une seule divinité, *le bien public,* elles pourraient peut-être disputer la palme à une sage royauté absolue, et offrir la perfection des institutions sociales. Mais de telles chambres sont impossibles à trouver dans quel-

(1) On confond souvent, et bien à tort, la légitimité avec le gouvernement absolu : les libéraux les honorent d'un égal anathème, et rien n'est plus absurde, car dès que la loi du pays établit la monarchie héréditaire, chacun doit être légitimiste par devoir, ce qui n'empêche point d'être constitutionnel.

que contrée que ce soit. Ainsi tout système ayant ses
inconvénients et ses dangers, le but de toute loi fondamentale doit être de les atténuer autant que possible, et l'institution qui en laissera subsister le moins
sera évidemment la meilleure.

Afin de balancer ce que le principe exclusif de
légitimité et d'hérédité offre de chances dangereuses, en amenant parfois de mauvais princes sur le
trône, les uns ont imaginé le gouvernement constitutionnel, d'autres le principe de la souveraineté nationale : grands mots qui cachent souvent bien des
déceptions, et dont le sens et l'application ne sont
encore ni bien définis ni bien établis. A ce système,
des législateurs plus prévoyants avaient préféré le
droit divin, attendu que, tout pouvoir ayant nécessairement une source et une origine, il fallait bien
en donner une à la royauté ; or, si l'on repousse la
souveraineté nationale comme évidemment dangereuse, rien n'est plus rationnel que de reconnaître
que la royauté vient de Dieu, puisque sa providence
règle les destinées des peuples comme celles des sim-
ples mortels.

Difficulté d'allier l'hérédité légitime à la souveraineté dite nationale.

Entre ces deux systèmes qui paraissent s'exclure
réciproquement, il existait peut-être un terme moyen ;
on l'a cherché sans doute, mais on ne l'a pas encore
trouvé, ou du moins il est resté encore dans le vague.
Il n'est guère résulté de ces essais qu'un système
incohérent, au moyen duquel on a cru pouvoir concilier le principe électif avec l'hérédité, en l'accolant,

sous le nom de souveraineté nationale, à une sorte
de légitimité bâtarde, consistant dans un ordre de
succession sans force, puisqu'il serait révocable de
fait par un vote du pays plus ou moins bien constaté.'
D'autres, plus hardis, ou peu satisfaits de cette vague
souveraineté, ont cru pouvoir évoquer celle du peuple comme plus positive et plus puissante.

Ces mots de souveraineté du peuple et de souveraineté nationale ont été malheureusement très-sou-
vent confondus, quoiqu'ils signifient deux choses
fort différentes. La souveraineté du peuple ou de la
multitude est un non-sens qu'aucun homme raisonnable ne saurait soutenir, à moins de lui donner une
signification toute différente de celle que ces mots
pourraient faire supposer généralement. Si l'on s'imagine que la multitude règne parce qu'elle nomme des
délégués directs, comme on prétendit l'établir sous
la convention nationale, on fait une grave méprise,
car jamais peuple ne fut moins souverain que sous
ce déplorable régime. Si l'on crée des classes de
notables pour leur conférer le droit de choisir des
délégués, le peuple, ne nommant plus ses mandatai-
res, n'est déjà plus souverain. D'ailleurs, exista-t-il
jamais un peuple vraiment capable d'exercer la souveraineté, même la plus indirecte? Cela n'eut jamais
lieu, même dans les petits cantons de la Suisse.

Dans les monarchies constitutionnelles, la souveraineté nationale exprime, selon tout homme d'État
raisonnable, la souveraineté des trois pouvoirs qui
ont mandat de gouverner les affaires du pays; un
seul de ces pouvoirs n'est donc jamais qu'une fraction de la souveraineté; or, la nation, ne déléguant

qu'un des pouvoirs, n'est pas, à proprement parler, souveraine, car si elle l'était, le pouvoir de ses
délégués dominerait à lui seul et annihilerait les deux
autres.

On voit, par cet exposé, que la souveraineté nationale n'a point encore été généralement bien définie
ni bien comprise. L'intervention d'une nation dans la
gestion des affaires publiques n'est pas seulement
un fait désirable comme on l'a dit plus haut, c'est
encore un fait universel, qui existe même dans les
monarchies absolues, puisque le souverain ne saurait
gouverner sans s'entourer des hommes de mérite
désignés par l'opinion publique, et qui, sous un titre
ou sous un autre, formulent en ordonnances les besoins de la nation indiqués par les états provinciaux
ou les administrations municipales. Cette intervention du pays dans la gestion des affaires est naturellement plus formelle et plus forte sous un gouvernement constitutionnel, lorsqu'il existe une chambre
élective appelée à discuter et approuver les lois ;
*mais de cette intervention dans les affaires, à
la souveraineté, il y a une distance immense ;*
et il faut bien en convenir, ce serait jouer étrange-
gement sur les mots que de prétendre établir une
monarchie héréditaire à côté d'une souveraineté nationale comprise dans ce sens, que la nation étant
souveraine, ses délégués auraient le droit de faire et
de défaire les gouvernements.

Il est vrai qu'à la suite de ces grands cataclysmes
politiques qui, de loin en loin, ont englouti quelques
vieux gouvernements vermoulus et sans force, ou à
la suite d'extinction totale de quelque dynastie, il a

bien fallu que les notables d'une nation pourvussent
à la réédification de l'État, en confiant ses rênes au
prince jugé le plus digne et le plus apte, ou à celui
qui y avait les droits les plus directs. Mais cet acte
d'élection, faisant exception au principe fondamental
de l'hérédité, et n'étant justifiable que par d'impé-
rieuses circonstances, est loin de constituer un droit
souverain ; il ne saurait être considéré que comme
une révolution, et le pacte qui en résulte, proclamant l'hérédité du trône, devient par le fait une
réparation formelle de la violation du principe, et
une abdication positive de ce prétendu droit de souveraineté nationale. S'il en était autrement, une monarchie ne serait plus qu'élective, ainsi que je l'ai
déjà dit.

Il résulte de là que dans une monarchie héréditaire non absolue, mais limitée par des lois fondamentales, *le trône est la propriété légitime de la
dynastie, de même que la portion de souveraineté qui consiste à prendre part à la confection
des lois est la propriété imprescriptible de la nation.* La nation ne doit donc pas avoir le pouvoir de
disposer du trône tant qu'il y a un héritier direct ou
indirect, comme le trône ne saurait dépouiller la nation de sa part de concours à la gestion des affaires,
concours qu'elle exerce, non-seulement par une
chambre élective, mais encore par une chambre de
pairs ou sénat choisi parmi toutes les notabilités du
pays, et qui, pour être à la nomination du roi, ne
représenterait pas moins une fraction active et puissante des intérêts généraux du pays. L'équilibre et
la mise en pratique de ces deux portions de la souve-

raineté est le problème délicat que tout homme d'État doit chercher à résoudre dans une loi fondamentale ; il est fort peu de nos législateurs modernes qui aient bien compris ce problème, ou du moins qui en aient donné une solution satisfaisante.

Des avantages du droit divin.

Si l'on n'a pas parfaitement jugé de la souveraineté nationale, on n'a guère mieux apprécié et défini le droit divin. Les plus ardents novateurs se sont efforcés de le présenter comme un droit à la fois mystique et arbitraire, que, dans les temps les plus reculés, quelques familles souveraines s'étaient arrogé sur la propriété d'un pays. Louis XIV surtout, dans ses étranges instructions à son petit-fils, avait en quelque sorte donné force d'autorité à cette opinion erronée. Mais, loin d'être ainsi un abus sanctionné par le temps, le droit divin eut une origine plus noble et plus solennelle, car il fut sans contredit la plus sublime institution que les législateurs pussent imaginer pour donner à un État la stabilité qui en fait à la fois la force, la puissance et la prospérité, et pour le délivrer des discordes civiles, en plaçant le trône à l'abri des ambitions individuelles.

Il devint ainsi un article de foi, chez les hommes éclairés par un profond raisonnement, et chez les masses par tradition, non dans l'intérêt d'une famille, mais pour le salut même du pays et le plus grand avantage de la puissance nationale : heureux les peuples assez sages pour savoir jouir des bienfaits d'une civilisation avancée, tout en appréciant les avantages d'une pareille institution, et sachant remplir les devoirs qu'elle impose !

Depuis les révolutions d'Angleterre et de France, le droit divin fut exposé aux attaques de cette multitude d'écrivains qui se croient faits pour régler le sort des nations. Même parmi les hommes d'État assez éclairés pour juger tout son mérite, il s'en trouva qui jugèrent son action insuffisante pour une société ébranlée jusque dans ses fondements, et dont les croyances religieuses avaient fait place à un esprit de scepticisme et de discussion qui prétendait tout faire passer au creuset de la philosophie. Ces publicistes hardis pensaient qu'un droit, que les esprits forts et même toutes les classes éclairées nommaient un préjugé, un droit qui se perdait, selon eux, dans les ténèbres du fanatisme, ne pouvait pas avoir de racines aussi solides qu'un droit qui serait proclamé et consacré dans l'intérêt de tous, un droit, en un mot, fondé sur les institutions jugées indispensables par les hommes les plus éminents, et appuyé sur l'expérience de cinquante siècles. Il ne s'agissait, à leur avis, que de bien formuler la loi fondamentale pour mettre la légitimité à l'abri de toutes les tempêtes.

A ce raisonnement, qui ne manque pas de certaine justesse, les défenseurs du droit divin répondent que les institutions humaines étant mobiles de leur nature, et consacrées par les hommes seulement, pouvaient par cela même être révoquées par les hommes, en sorte que l'on retomberait nécessairement dans tous les orages de la monarchie élective, dont le droit divin seul peut entièrement affranchir.

Nous n'avons pas à prononcer ici entre ces deux
systèmes de légitimité, qui peuvent être également
indispensables selon les pays auxquels on doit les
appliquer, et qui, au fond, reposent sur une même
pensée, car dans l'un comme dans l'autre le trône et
. le pouvoir suprême appartiennent bien de droit à la
famille dans l'ordre de succession établi ; la seule différence qui existe entre eux, c'est que dans le dernier ce sont les lois humaines qui ont reconnu la
nécessité de cet ordre auquel il ne saurait être porté
la moindre atteinte, et qui peut également s'appliquer à une monarchie absolue comme à une monarchie tempérée.

Cette institution humaine de la légitimité est d'autant plus admirable qu'elle a été nécessairement con-
sacrée dans son origine par les plus hautes familles
d'un pays, par celles-là mêmes qui, ayant des chances
pour arriver au trône à leur tour, sembleraient devoir être ennemies d'une institution stable faite pour
leur en interdire à jamais l'accès. Eh bien, par une
subversion fort extraordinaire, ce sont les grandes
familles qui, en Angleterre et en France, ont montré
le plus d'attachement à la légitimité, tandis qu'elle a
été l'objet du sarcasme et de la haine de tous les démagogues, qui n'avaient rien à gagner au système
électif d'une monarchie.

Position équivoque de Louis XVIII à ce sujet.

Quoi qu'il en soit, Louis XVIII et ses ministres
pouvaient difficilement changer, de leur plein gré,
l'essence de ce droit placé au-dessus des combinaisons

3

mortelles, qui avait donné quatorze siècles d'existence continue à la monarchie des Francs ; ils devaient naturellement en faire le levier du droit public nouveau qui, à dater de 1814, devait former à
jamais celui du trône et de la France, en les liant
d'une manière indissoluble. Tout ce que l'on pouvait
demander d'eux, c'était de savoir fonder pour toujours cette alliance de la légitimité divine avec l'institution humaine : l'une qui déciderait de la propriété
de la couronne, l'autre qui admettrait et limiterait en
même temps les droits de la nation, afin de rendre
cette double base inattaquable, autant de la part du
trône que de la part de ses adversaires.

Si toute l'ancienne noblesse et tous les membres
de la famille royale avaient partagé ces sentiments,
qui étaient bien ceux du roi personnellement et même
ceux de ses ministres, on doit convenir que la charte
aurait dû satisfaire ; car, si elle imposait quelques
légères entraves au monarque, elle muselait d'autant
mieux l'anarchie ; mais on n'ignorait point que les
successeurs de Louis XVIII ne se regardaient nullement comme liés par ce contrat, et réclamaient toute
l'étendue du droit divin, dans le sens qu'on lui attribuait anciennement, et surtout sous Louis XIV. De
plus, si les conseillers intimes du roi, Ferrand, Dambray, Montesquiou, Beugnot, avaient fait preuve
d'une grande sagesse dans la rédaction et la discussion de cette charte, les deux premiers surtout avaient
rapporté de l'émigration des préventions exagérées
sur le moyen d'appliquer leurs doctrines à la nation
française, généralement peu disposée à comprendre
leurs abstractions ; d'ailleurs, les passions réaction-

naires de quelques-uns de ces ministres et des autres confidents du monarque effrayaient plus encore que leurs dogmes.

Leur tâche était d'autant plus difficile qu'ils avaient à lutter contre les utopies des Benjamin Constant, des Lanjuinais, des Lafayette, et il n'y eut pas jusqu'au Belge Lambrechts, que Napoléon avait nommé sénateur, qui ne se prétendît aussi bien fait que Louis XVIII pour donner à la France une charte de sa façon. Il daignait consentir à appeler ce prince et sa dynastie à un trône qu'elle occupait depuis dix siècles, à condition qu'il voulût bien reprendre toutes les chaînes imposées par l'assemblée nationale à Louis XVI. Ce légiste flamand poussa la monomanie jusqu'à insérer dans son pacte un article qui défendait au roi de faire des propositions sous la forme de lois, lui permettant seulement de prier les chambres de vouloir bien rédiger une loi sur un sujet dont le prince se contenterait d'indiquer le sommaire. Véritable folie qui eût mis la base de l'édifice au sommet, et le sommet à la base, et qui prouve à quel point le roi eut raison de ne pas laisser à de pareilles têtes l'initiative du pacte qu'il s'agissait de donner.

Fautes réelles de la charte.

Après avoir démontré que la charte octroyée fut une double nécessité, je dois observer que ses dispositions ne furent pas exemptes de blâme. Comme elle devait être une sorte de contrat indissoluble, liant à la fois le trône et la nation, elle devait être aussi brève que possible, et ne contenir qu'une sorte de déclaration des droits. On peut donc lui reprocher de s'être étendue avec trop de complaisance sur certains détails de législation, qu'il eût mieux convenu de délibérer et modifier plus tard à l'aide des chambres et avec la sanction de l'expérience ; les attributions de la chambre élective ne furent pas stipulées de manière à ce que l'équilibre tant désiré des trois pouvoirs ne fût jamais rompu par cette dernière, et ne devînt pas un vain mot par ses envahissements ; enfin elle laissa une porte ouverte à l'anarchie de la presse, en promettant sa liberté d'une manière trop absolue. Toutefois, je me hâte de l'avouer, cette dernière faute fut l'ouvrage de la commission législative associée à la discussion de la charte, et non l'ouvrage du roi, qui avait sagement fait stipuler que les lois sur cette matière auraient le pouvoir de *prévenir* les écarts souvent dangereux de la presse journalière, qui, en soufflant de mauvaises passions, serait capable d'ébranler à elle seule l'État le plus fortement constitué.

Enfin le reproche le plus grave qu'on pût lui faire, c'est qu'elle était accompagnée de circonstances et de restrictions qui faisaient douter de sa sincérité, et par conséquent de sa durée.

Si Louis XVIII n'avait pas craint avec quelque raison d'établir de fâcheux précédents en admettant des dogmes qui pouvaient insensiblement conduire au système électif, il est constant qu'il eût donné plus de stabilité à son nouvel édifice, en lui assurant, sinon la sanction de tout le pays, du moins celle des nouvelles chambres. Il aurait suffi pour cela d'arranger une séance royale dans laquelle il eût déclaré le

pacte obligatoire pour lui et ses descendants, de
même que pour la nation et ses députés, chacun
dans les bornes établies par la charte; à la suite de
quelle déclaration, lui et tous les membres de sa famille, de même que tous les députés et les pairs,
eussent juré de maintenir, dans son intégrité, une
charte qui était désormais un contrat obligatoire
pour tous, et la base d'un droit public entièrement
neuf.

Loin d'agir avec cette franchise et ce profond sentiment de l'intérêt général des partis, on affecta de
laisser entrevoir que l'on subissait une nécessité, mais
qu'on ne resterait pas longtemps dans cette voie.
A cette faute, la restauration ajouta celle non moins
grave de changer de drapeau, et de proscrire celui
qui avait fait, pendant vingt ans de triomphes, l'orgueil de la génération présente, au lieu d'adopter
franchement les couleurs nationales, que Louis XVI
et Louis XVIII lui-même avaient portées pendant
deux ans. Le drapeau blanc, non-seulement humilia
l'armée, mais devint encore l'emblème d'une volonté
réactionnaire dont les meilleurs esprits furent alar-
més. Le comte de Montlosier même, dont le pur
royalisme était assez éprouvé, protesta par ses sages
conseils contre une imprudence qui mettait le trône
à la merci d'un pavillon.

Le roi céda aux excitations de ses conseillers orthodoxes, et crut avoir assez fait en donnant des institutions aussi libérales, dont les principes étaient loin
d'obtenir l'assentiment du parti ultraroyaliste qui
l'entourait.

3.

Espérances que l'on conçoit de cette charte,

Quoi qu'il en soit, Louis XVIII s'était flatté, au moyen de ce grand acte, de rapprocher les Bourbons du parti qui les repoussait, et de rendre les révolutionnaires partisans de la royauté, en maintenant leurs intérêts et en admettant une partie de leur système. On s'imagina donc qu'il n'y aurait plus qu'un cœur et qu'une âme dans toute la nation ; on affectait de le répéter, mais cela n'était pas vrai. Il y avait néanmoins tant de bonheur dans cette combinaison, que la France, sous ce régime, serait devenue florissante en peu d'années si les partis raisonnaient, si l'orgueil, l'intérêt ou les passions des hommes, pouvaient être annulés par quelques articles réglementaires ; enfin, si les défauts que nous venons de signaler n'avaient précisément rallumé toutes les passions politiques les plus opposées. Le roi aurait en effet résolu d'un trait de plume le problème pour lequel on avait combattu vingt ans, puisqu'il établissait la nouvelle doctrine politique en France, et la faisait reconnaître sans contestation par toute l'Europe : il ne lui fallait, pour réussir, que savoir être maître chez lui ; mais c'était là le point difficile.

Embarras graves de Louis XVIII.

Au fait, jamais chef d'État ne s'était trouvé dans une situation plus épineuse. Entouré de vingt mille émigrés qui voulaient des places, d'anciens employés impériaux qui voulaient les conserver, de jacobins qui demandaient aussi d'y avoir part, de doctrinaires qui prétendaient être seuls capables de conduire un État constitutionnel, d'anciens royalistes et d'un haut clergé qui ne voulaient ni de la constitution, ni de ceux qui étaient chargés de la faire marcher ; Louis XVIII eût été un ange, un génie, qu'il ne fût pas venu à bout de rallier les partis. Cette vérité une fois reconnue, il devait du moins s'attacher à leur assigner des limites infranchissables, *à marcher d'un pas ferme et franc entre ces écueils.*

Un prince qui dispose d'un milliard par an, ainsi que de tous les emplois de l'administration et de l'armée, vient à bout de tout avec le temps, *lorsqu'il a l'initiative exclusive des lois* et qu'il sait employer tour à tour la sagesse et la vigueur. Placer les royalistes modérés à côté des constitutionnels et des hommes d'État formés sous l'empire, repousser les exagérés de toutes classes, dire hautement et franchement ce qu'on voulait, telle était la seule marche à suivre ; peut-être n'eût-elle pas suffi pour consolider une restauration opérée à la suite d'une invasion étrangère et de l'humiliation militaire du pays ; mais enfin, c'était le seul moyen de se maintenir ; la vigueur fondée sur la justice est la meilleure finesse des rois.

Fautes des partis.

Louis XVIII voulut trop bien faire ; il flatta trop les deux factions, espérant s'attacher leurs chefs ; il ménageait Carnot et Fouché, tout en protégeant ceux qui les traitaient de brigands ; excité par ses conseillers, il promettait aux émigrés ce que la charte ne permettrait jamais de tenir. Au lieu d'être le chef unique et vigoureux de l'État, il ne semblait qu'une victime offerte en sacrifice à l'animosité des deux partis; *un pouvoir occulte protégé par son frère, et qui prétendait être plus royaliste que le roi, s'établit à ses côtés mêmes au palais des Tuileries.* Pour surcroît de malheur, l'autorité fut livrée à des ministres sans crédit, et influencés par les coteries qui agitaient la cour. Dès lors, il n'y eut plus que de l'inconséquence et de la contradiction dans le système du gouvernement; les mots n'allaient jamais aux choses, parce qu'on voulait au fond du cœur autre chose que ce qui était promis par écrit.

Louis XVIII avait donné la charte pour empêcher qu'on ne lui en imposât une autre; mais il était évident que, le premier moment passé, les royalistes orthodoxes espéraient la retirer pièce à pièce, parce que ce pacte ne leur convenait point. Ils proclamaient hautement que ce n'était qu'un acte de transition entre la révolte et la légitimité. Les émigrés voulaient un maître débonnaire, comme les prêtres espagnols en demandent un, c'est-à-dire qui les laissât gouverner sans contradiction. Ils ne voyaient dans le retour des Bourbons qu'un moyen de s'indemniser de leurs pertes et de ressaisir leurs priviléges. Ils s'étaient ruinés pour leur propre cause, et se présentaient comme des victimes de leur dévouement à la famille royale. Ils demandaient hautement s'il n'y avait qu'une légitimité, et si les droits de la noblesse n'étaient pas aussi sacrés que ceux de la maison de Bourbon.

Pour calmer ces prétentions, on promettait de les satisfaire avec le temps; or, la charte était loin d'en offrir le moyen. A la vérité, on avait rétabli la noblesse, mais elle n'avait ni prérogatives, ni pouvoir; elle n'était pas démocratique, parce qu'elle avait des prétentions exclusives; elle n'était pas aristocratique, parce qu'elle ne faisait pas corps dans l'État, et que la pairie même ne lui était pas exclusivement réservée.

Le clergé prêchait aussi contre la charte, parce qu'il espérait revendiquer ses biens et reprendre son antique influence, ce qui était formellement impossible sous l'empire de la constitution. Rome l'excitait encore dans cette voie par un intérêt qui n'avait rien de commun ni avec la morale chrétienne, ni avec le bien de l'Église française.

Il était donc évident que tout l'édifice reposait sur des bases peu sûres ; pour le consolider il aurait fallu la forte volonté de Richelieu, jointe aux principes de Henri IV, afin de mettre en pratique ce qu'on avait si sagement promis : *union* et *oubli*. C'était le projet des princes, tout porte à le croire; mais ainsi qu'il arrive après de longues discordes, on ne s'entend que quand les intérêts et les amours-propres sont éteints ou satisfaits.

Au lieu de marcher à ce but, on fit comme en 1789, on mit les amours-propres et les intérêts aux prises : les gens qui avaient livré Toulon aux Anglais se montraient aux Tuileries à côté de ceux qui l'avaient repris; ils osaient même braver ceux-ci par des railleries. Le roi aurait dû les envoyer en surveillance à cent lieues de la capitale (1). Il était indispensable,

(1) On n'entend point dire ici que le roi dût être ingrat envers des serviteurs fidèles. Il devait placer et employer tous ceux qui

pour gagner la confiance générale, d'exposer dans une proclamation solennelle les principes de son gouvernement, et d'assurer leur triomphe en dépit de toutes les petites résistances.

Loin de rassurer ainsi tous les droits acquis et de briser les prétentions, on fit tout le contraire; on caressa les prétentions et on froissa les intérêts. Déjà des bruits alarmants menaçaient tous les acquéreurs de biens nationaux de projets de restitution : des brochures, qu'on attribuait au chancelier Dambray, attaquaient la légalité des ventes et démontraient la justice de la restitution.   •

On gardait les soldats de l'empire parce qu'on les craignait, ou plutôt parce qu'on n'en avait pas d'autres; et en les passant en revue, on affectait de rehausser la gloire de leurs ennemis : des flots d'officiers émigrés ou vendéens, réclamant avec quelque justice peut-être la confirmation de leurs grades, et encombrant ainsi les cadres de l'armée et de l'état-major, venaient enlever tout espoir d'avancement aux officiers déjà beaucoup trop nombreux pour l'armée réduite des trois quarts. Aussi plusieurs complots militaires avaient-ils éclaté dans l'armée par suite de son mécontentement.

Sous l'empire de pareilles circonstances, personne ne pouvait prendre confiance dans ce qui existait, parce qu'on n'y voyait de point d'appui nulle part, et qu'il n'y avait à la tête des affaires ni bras ni volonté. Carnot, dont l'âpre caractère ne se démentit jamais,

---

étaient modérés et sages; il devait exiler de la cour les exaltés et les boute-feu qui ne prêchaient que réaction.

osa donner la mesure de la faiblesse de ce gouvernement en adressant au roi, puis en faisant publier un
mémoire dans lequel, au milieu de beaucoup de vérités, il ne craignait pas de faire l'apologie des régicides,
aussi bien que celle de la souveraineté du peuple.
A côté de ce mémoire, l'émigration publiait des pamphlets non moins menaçants.

Rétablissement de la censure.

On n'avait pas attendu jusqu'alors à se convaincre
que l'établissement d'une tribune aux harangues, et la
liberté de la presse, étaient de tristes moyens pour
opérer la fusion des partis ; car ces institutions seraient
bien plus propres à diviser la nation la mieux unie,
qu'à rallier les esprits divisés et irrités par la révolution la plus violente dont l'histoire rappelle le souvenir. En effet, les intérêts et les amours-propres blessés
par les discours de la tribune, comme par les polé-
miques virulentes et par les injures personnelles des
journaux, ravivent toutes les passions, excitent les
haines que le temps et l'oubli pourraient éteindre, et
parviennent ainsi à créer des factions là même où il
n'en existe pas. C'était bien effectivement dans ce but
d'amortir tous les ressentiments des partis, et de les
fondre tous dans un même intérêt pour son empire,
et non dans l'intérêt de son pouvoir personnel, que
Napoléon avait établi une censure, dont tout le tort
fut d'être mal réglée dans ses dispositions. Aussi le
ministère de Louis XVIII avait-il senti, dès son début,
la nécessité de la rétablir sur tous les ouvrages au-des-
sous de vingt feuilles d'impression, et notamment sur

les feuilles quotidiennes ou périodiques : ce fut une des premières lois soumises aux chambres nouvellement instituées ; et comme elle semblait contraire aux promesses de la déclaration de Saint-Ouen et à l'esprit de la charte modifiée, les libéraux, les républicains, les doctrinaires élevèrent d'incessantes clameurs : on cria au despotisme, à la déception (1).

A ces causes générales d'agitation il faut encore ajouter le mécontentement qu'avaient produit les traités onéreux souscrits avec l'étranger. Tout ce qui por-

(1) Dans le projet de charte émané du conseil du roi, on avait porté que la presse serait libre, en se conformant aux lois qui seraient rendues pour en *prévenir* ou *réprimer* les abus ; la commission législative avait disputé sur le mot *prévenir*, et avait obtenu sa radiation ; les ministres jugèrent plus tard que pour *réprimer* ces abus, il ne fallait pas attendre que le mal fût sans remède, et que tout son mauvais effet fût produit. Du reste, toutes les censures passées furent plus ou moins mal combinées. Celle de l'empire, confiée seulement à deux ou trois censeurs mercenaires, et s'étendant aux ouvrages de science les plus volumineux, était absurde ; il fallait des années pour en arracher les manuscrits qui y étaient entassés : les ouvrages en un volume, même les revues périodiques et brochures en dix feuilles, n'auraient jamais dû être soumises qu'à de bonnes lois répressives bien clairement formulées. Quant à la presse quotidienne, dont l'action est telle qu'elle pourrait bouleverser l'État le mieux constitué, elle aurait pu être soumise à la censure préalable ; mais au lieu de confier cette censure à des commis complaisants, il aurait fallu instituer un *tribunal spécial de juges inamovibles*, qui eût à la fois prononcé sur les délits commis par les ouvrages non censurés, et réglé la censure quotidienne. C'était le seul mode admissible en France, où la presse est devenue une puissance assez redoutable pour mériter des juges particuliers, impartiaux par position, et capables d'en apprécier le bien comme le mal.

tait un cœur vraiment français, tout ce qui avait un
reste d'orgueil national et de patriotisme, s'indignait
de la facilité avec laquelle le comte d'Artois avait
signé l'ordre de remettre cent places fortes, occupées
encore par les troupes impériales, avant même d'avoir
stipulé aucune des conditions de la paix. — Les traités
de Paris, tracés à la pointe de l'épée avec une rigueur
justifiable sans doute comme représailles, mais impru-
dente peut-être dans l'intérêt même de quelques-unes
des puissances qui les imposaient, ces traités, dis-je,
avaient laissé un profond levain dans le cœur de tous
les partisans de l'empire et de la révolution. Chacun
se persuadait, à tort ou à raison, que les Bourbons
eussent pu conserver du moins une partie de la Belgique, et la ligne du Rhin jusqu'à Coblentz, ainsi que
la Savoie, s'ils n'eussent pas été aussi pressés de siéger
aux Tuileries. Nous n'avons pas à discuter ici sur la
validité de ces reproches, ni sur la possibilité qu'il y
aurait eu de la part des ministres de Louis XVIII à
obtenir des conditions moins dures ; nous constatons
seulement l'effet moral que leur empressement avait
produit.

Le résultat de tant de conflits ne pouvait se faire
attendre longtemps. Un discours absurde du ministre
Ferrand porta l'irritation des esprits au comble, en
classant à la tribune tous les Français en deux seules
catégories : ceux qui avaient suivi la *ligne droite,*
c'est-à-dire, qui avaient combattu avec les émigrés ou
dans la Vendée ; et ceux qui avaient suivi la *ligne
courbe,* ou qui avaient admis la révolution et l'empire : étrange apostrophe à la nation entière, et singulier moyen d'appuyer un projet de loi tendant à

restituer tous les biens d'émigrés non vendus. Dès
lors les partis se montrèrent de jour en jour plus hostiles ; un choc prochain ne semblait pas douteux, et
ce choc pouvait rendre Napoléon encore une fois l'arbitre des destinées de la France.

Débats survenus au congrès de Vienne.

Si l'état des affaires dans ce pays était de nature à
lui inspirer l'espoir et le désir d'y revenir, il n'y était
pas moins excité par les avis de ce qui se passait au
congrès de Vienne, où le partage de ses dépouilles
avait amené de grands dissentiments. Déjà l'Autriche,
la France et l'Angleterre s'étaient liées par des traités
éventuels pour garantir la Saxe contre les prétentions
de la Prusse, soutenues par la Russie, en sorte que
les souverains de ces deux pays, peu satisfaits, par-
laient de retourner dans leurs capitales qui réclamaient
vivement leur présence ; leur départ était, dit-on,
fixé au 5 mars.

En échange de l'appui que les Bourbons promettaient à l'Autriche et à l'Angleterre, ils demandaient
l'expulsion de Murat du trône de Naples, pour y
replacer la branche de leur famille qui y régnait jadis ;
démarche fort naturelle au fond, puisque c'était un
moyen de ramener la Péninsule dans l'intérêt français. Du reste, le cœur vénal et intéressé de Talleyrand attachait un double prix à ce projet, car il lui
importait, pour assurer la conservation de sa princi-
pauté de Bénévent et des revenus qui y étaient attachés, de la faire reconnaître par le gouvernement
légitime des Deux-Siciles, à la restauration duquel il

mettrait cette condition. Les Bourbons proposaient de se charger eux-mêmes du soin de cette expulsion de Murat, et des rassemblements de troupes avaient lieu à cet effet en Dauphiné.

Napoléon, menacé de perdre l'île d'Elbe, se décide à retourner en France.

D'un autre côté, Napoléon apprit à temps que les ministres de Louis XVIII proposaient au congrès de lui enlever l'île d'Elbe, pour l'exiler dans un autre hémisphère ; c'était une violation gratuite du traité de Fontainebleau, puisque à cette époque on n'avait rien à lui reprocher qui pût exciter le courroux des souverains (1). Hors d'état de résister à une telle tentative, à cause de l'exiguïté de ses moyens de défense, et décidé à ne pas en attendre l'effet, Napoléon conçut le projet audacieux de remonter sur le trône de France. Quoique ses forces ne consistassent qu'en un millier de soldats, elles étaient encore plus grandes que celles des Bourbons, car il avait pour allié l'honneur de la patrie qui parfois sommeille, mais ne périt jamais dans le cœur d'une nation guerrière. Plein de confiance en cet appui, il passa en revue la petite troupe qui allait le seconder dans une si hasardeuse entreprise. Ces soldats étaient mal équipés, mais leurs figures martiales dénotaient des âmes intrépides.

(1) Le gouvernement français ne payait pas les deux millions alloués annuellement par le traité de Fontainebleau, et y mettait, dit-on, la condition que Bonaparte serait exilé hors d'Europe. Napoléon fut informé de ces faits par l'impératrice Marie-Louise, et cette circonstance, réunie à la fausse nouvelle de la dissolution du congrès de Vienne, décida son retour.

Les préparatifs ne furent pas longs, car ces braves n'emportaient que leurs épées.

Débarquement à Cannes.

Favorisée par l'absence fortuite du commissaire anglais et des vaisseaux qui surveillaient l'île d'Elbe, sans mission de la bloquer, la petite flottille qui les portait n'éprouva pas d'accidents; sa traversée dura trois jours. Napoléon revit, le 1er mars, la côte de France à Cannes, près de la même plage de Fréjus, où il avait pris terre, quinze ans auparavant, à son retour d'Égypte. La fortune semblait lui sourire comme alors, puisqu'il revenait sur cette terre pour relever ses drapeaux et lui rendre son indépendance.

Le débarquement s'effectua sans obstacle, mais en se retrouvant sur le sol français, Napoléon dut éprouver de vives émotions, car la nature même de sa tentative pouvait lui réserver une fin déplorable. Il semblait difficile de former un plan bien arrêté, faute de renseignements assez détaillés sur l'état des affaires dans le Midi, dont on n'avait connaissance que par les rapports d'agents passionnés; il dut donc se contenter de quelques partis pris selon les cas les plus probables.

Une première démarche, pour s'assurer d'Antibes, échoua complétement, parce que le général Corsin, qui y commandait, refusa de recevoir les troupes impériales. Ce premier échec semblait de mauvais augure, et d'autant plus fâcheux que c'était un capitaine de la garde qui avait pris sur lui d'aller tâter la place sans en avoir reçu l'ordre. D'un autre côté,

Toulon et Marseille n'étaient pas trop bien disposées.
Toutefois, comme il importait de frapper promptement, Napoléon ne fut pas longtemps embarrassé sur
la route à tenir, car un point d'appui dans l'intérieur
lui était indispensable, et Grenoble se trouvait la place
forte la plus voisine. Il marcha donc sur cette ville
aussi vite que possible, parce que de son occupation
dépendait le succès de l'entreprise. La mince colonne
qu'il nommait son armée y arriva, après avoir par-
couru quatre-vingt-quatre lieues en six jours.

Marche triomphale sur Paris.

L'accueil que les populations lui firent sur la route
répondit à ses vœux, et doubla ses chances de réussite
en lui donnant la certitude que la portion du peuple
qui n'était corrompue ni par des passions ni par des
intérêts conservait un caractère mâle que l'humiliation
nationale avait blessé. Arrivé le 6 mars à Vizille,
Napoléon découvrit enfin les premières troupes envoyées pour le combattre, et qui refusaient de par-
lementer avec ses officiers. Certain que tout dépendait
de cette première rencontre, et habitué à prendre
son parti avec vivacité et décision, il s'avança sans
crainte au-devant de ces troupes en leur découvrant
sa poitrine, tant il était sûr qu'elles ne feraient pas feu
sur lui. Cet acte d'abandon et de confiance émut profondément ces soldats : loin de voir en lui un audacieux provocateur de guerre civile, comme on le
signalait, ils ne reconnurent que leur Empereur marchant à la tête de ses vieux guerriers qui leur avaient
si souvent tracé le chemin de la victoire : aussi leur

4.

hésitation ne fut-elle pas longue. C'était un détachement du cinquième régiment d'infanterie, suivi bientôt de tout le septième commandé par Labédoyère, qui accourait volontairement au-devant de lui. Le peuple et les soldats l'ayant reçu avec les mêmes cris de joie, Grenoble ouvrit ses portes et il s'avança avec cinq mille hommes sur Lyon.

Préparatifs de défense des Bourbons.

A la nouvelle de son débarquement, les Bourbons, frappés d'abord d'étonnement, se flattèrent néanmoins de résister ; ils mirent sa tête à prix, et ordonnèrent de lui courir sus comme un aventurier qui attentait à main armée contre la sûreté de l'État. Le comte d'Artois partit avec Macdonald pour Lyon ; le duc d'Angoulême, qui se trouvait à Bordeaux, accourut en Languedoc pour établir à Toulouse le centre d'une autorité royale ; Ney, appelé à Paris, fut envoyé dans l'Est ; enfin les chambres furent extraordinairement convoquées en toute hâte. On a même prétendu que le plus fougueux des ministres de la restauration (M. de Blacas) voulut recourir à un moyen plus sûr que celui de l'épée, et chargea un nommé B*** d'assassiner l'Empereur (1). Quoiqu'un individu de ce nom se soit vanté dans une brochure d'avoir accepté cette mission, on aime mieux soupçonner ce misérable de folie que d'ajouter foi à une pareille assertion. Du reste Napoléon affectait une grande tran-

(1) Voyez la brochure publiée chez Moronval, quai des Augustins, en 1816, où ce B*** rend compte de ses exploits.

quillité, comptant qu'il avait pour lui la gloire et la
France.

Les troupes royales ne furent pas plutôt en présence des siennes, le 10 mars, aux portes de Lyon,
qu'elles se confondirent et s'embrassèrent aux cris de
vive l'Empereur. Macdonald eut peine à s'échapper,
et le comte d'Artois n'eut que le temps de reprendre
la poste pour retourner à Paris. Les Lyonnais reçurent l'heureux conquérant avec plus d'enthousiasme
encore qu'à son retour de Marengo. Cet accueil, qui
le toucha profondément, faisait l'apologie de son entreprise, et redoublait à la fois son courage et sa
confiance dans l'avenir.

Célèbres décrets de Lyon.

Quoique bien certain de la réception qu'on lui préparait dans la capitale, Napoléon lança de Lyon plusieurs décrets propres à frapper l'opinion publique.
Les plus grands reproches que la partie ambitieuse du
tiers état lui avait adressés étaient d'avoir rétabli la
noblesse, enchaîné la presse, et rendu la tribune
muette. Bien qu'il ne l'eût fait que dans l'intérêt du
repos public et par suite des circonstances graves dans
lesquelles une révolution sans exemple avait placé le
pays, il n'hésita point à revenir sur ses pas, proclama
l'abolition de toute noblesse privilégiée, promit de
gouverner avec les députés de la nation, et décréta le
rétablissement de la liberté de la presse (1).

Les deux chambres dont Louis XVIII avait gratifié

_____

(1) Le rétablissement de la liberté illimitée de la presse quoti-

la France trouvaient généralement plus de partisans que le corps législatif muet institué en l'an VIII. Athéniens sous plus d'un rapport, les Français veulent à tout prix briller à la tribune, sans songer que les Démosthènes sont rares et que pour un homme d'État on trouve cent déclamateurs ambitieux et médiocres autant qu'intéressés. Napoléon appréciait les avantages de la tribune, mais il en connaissait aussi les écueils et les dangers, et aurait eu à cœur de faire jouir la France des uns sans tomber dans les autres. Il sacrifia néanmoins ses principes à l'esprit du siècle, bien convaincu qu'après l'orage on sentirait la nécessité de modifier de nouveau des institutions qui ne conviennent ni à toutes les circonstances, ni à tous les peuples, mais dont il est bon néanmoins qu'une nation éclairée conserve les éléments, afin de les mettre en action lorsqu'un gouvernement débile et incapable ou une minorité dangereuse peuvent laisser flotter à l'abandon les rênes de l'État (1).

dienne fut une faute dont Napoléon devint la première victime. La presse périodique et les ouvrages peuvent être exempts de censure, mais les journaux quotidiens ne le peuvent sans danger, du moins dans les temps d'orages politiques.

(1) On trouvera peut-être cette phrase ambiguë et peu concluante. Voici comment on doit l'interpréter. Napoléon était convaincu que le gouvernement, avec deux chambres et une tribune publique, offrait des avantages réels dans des temps de calme, *lorsque les rouages du gouvernement sont bien établis par de sages lois fondamentales*, et surtout lorsqu'il n'existe qu'un intérêt, celui de l'État, étroitement uni à celui de son chef, ou bien aussi, sous un gouvernement faible, dont le chef serait peu capable de diriger par lui-même le vaisseau de l'État. Mais il pensait qu'après une révolution qui a scindé la nation en deux masses enne-

Si Napoléon avait pu méconnaître les avantages
inouïs que donne la légitimité, l'extrême facilité avec
laquelle Louis XVIII était venu s'installer à sa place
en 1814 les lui aurait assez signalés; mais ne pouvant invoquer ce principe en faveur de son retour, il
dut s'efforcer de lui opposer le principe de la souveraineté nationale dans toute son étendue, comme le
moyen le plus propre à flatter l'opinion. Persuadé
aussi que pour agir vivement sur l'esprit impression-
nable des Français, il fallait se garder de se traîner
dans la routine usée des assemblées dont le pays avait
été dégoûté sous toutes les dénominations possibles,
depuis celle des notables jusqu'au sénat factieux qui
l'avait détrôné, Napoléon conçut la pensée de réunir
toute la masse des électeurs, non dans leurs départements, pour y élire des députés, mais à Paris, pour y
former, sous le titre solennel d'assemblée du champ
de mai, une véritable réunion de toutes les notabilités nationales, qui nommerait des commissaires
pour aviser avec lui à la reconstruction de l'État sur
des bases désormais inébranlables. Cette réunion au-
guste, qui devait rappeler l'époque où les Francs
élevaient eux-mêmes leurs rois sur le pavois, rappe-
lait aussi la première fédération de 1790, qui, pour
avoir été suivie de sanglantes catastrophes, n'en fut

---

mies, lorsque de grands intérêts lésés et acquis sont aux prises,
lorsqu'il existe un gouvernement de fait et un autre gouvernement de droit appuyé de l'étranger, livrer des éléments si com-
bustibles à des débats publics, c'était s'exposer à des troubles
inévitables. On peut partager cet avis avec lui, sans être pour
cela un apôtre du despotisme : je dis plus, on ne peut pas être
homme d'État et penser autrement.

pas moins une des cérémonies les plus imposantes
dont l'histoire retrace le souvenir. Cette assemblée
du champ de mai charmerait par d'anciens et illustres
souvenirs ; elle offrirait, selon lui, un contraste frappant avec la manière dont les Bourbons avaient imposé une charte aux Français, et blessé la fierté du
parti constitutionnel, tandis que l'Empereur s'efforçait de flatter la nation en affectant de rendre hommage à ses droits et à ses notables, avec lesquels il
allait conférer sur les institutions nouvelles qu'il
s'agissait de donner à l'empire, pour assurer sa féli-
cité intérieure, consolider sa gloire et mettre ses
institutions à l'abri des factions.

Napoléon ne se faisait pas entièrement illusion sur
le danger qui pouvait résulter un jour d'un pareil
précédent, et sur les embarras qui en retomberaient
sur ses successeurs, auxquels il léguerait toutes les
vicissitudes d'une monarchie élective ; mais n'ayant
pour lui que le principe électif, il lui importait d'en
tirer tout le parti possible contre la légitimité de ses
ennemis et contre les folles prétentions des jacobins.
Du reste, il entendait bien, avec le temps, rendre
toute la force possible au principe de succession héréditaire ; car ce principe formant de fait la base du
nouveau droit public, il entrerait dans ses devoirs
d'en assurer le maintien.

Ney se déclare pour l'Empereur.

Précédé par ces décrets mémorables, Napoléon
continua à s'avancer sur Châlons, où il fut joint par
les troupes que Ney avait assemblées d'abord avec

le projet de le combattre. Ce maréchal n'était pas homme d'Etat, et toute sa religion politique consistait à ne pas faire de guerre civile pour des intérêts privés. Ce fut le motif qui le guida à Fontainebleau, lorsqu'il contribua à provoquer la première abdication. « *Tout pour la France, rien pour un homme;* » telle était sa devise ; dogme très-respectable en apparence, mais qui, poussé trop loin, peut faire commettre de graves fautes, et mener jusqu'à l'oubli des devoirs les plus sacrés.

Au bruit du retour de l'Empereur, Ney ne voit d'abord que les torts qu'il a eus envers lui à Fontainebleau, et les dangers de la guerre civile dont ce retour menace la patrie ; il accepte de bonne foi la mission de le repousser par les armes, il s'exhale même en menaces imprudentes et inconvenantes contre son ancien chef. Mais convaincu bientôt, par son voyage en Bourgogne et en Franche-Comté, de l'unanimité des sentiments du peuple et de ses propres soldats, qui arborent les couleurs nationales en sa présence, et entraîné par deux officiers qu'on lui envoya secrètement de Lyon pour lui garantir l'oubli du passé, le maréchal se repent alors de sa première résolution, et tremble de donner le signal de cette guerre civile qu'il déteste.

Placé dans la même alternative que Marlborough entre Jacques II et Guillaume, il n'hésita point à se jeter dans les rangs qu'il avait illustrés par tant de beaux faits d'armes. Il le fit par entraînement, et céda à l'idée dont il était dominé, sans réfléchir qu'il blessait des convenances sacrées ; qu'il lui eût été si facile de ménager en se retirant à Besançon jusqu'à l'entrée de Napoléon dans la capitale.

Le contraste qu'offrit sa proclamation de Lons-le-Saulnier avec ses promesses à Louis XVIII restera une tache malheureuse dans l'histoire de sa glorieuse carrière, parce qu'il donne une fausse idée de son caractère, en offrant toutes les apparences d'une félonie préméditée dont il était incapable.

Le camp de Melun en fait autant. Entrée à Paris.

Après sa jonction, rien ne pouvait plus arrêter l'heureux conquérant, qui poursuivit sa marche triomphale à la tête de dix mille hommes. Il ne restait à ses adversaires que la ressource d'un camp assemblé à la hâte à Melun; mais les soldats de ce camp, frères de ceux de Grenoble, de Lyon et de Châlons, étaient plus disposés à courir au-devant de leurs aigles qu'à les combattre.

Stupéfait de la rapidité de ses progrès, le gouvernement royal ne savait où donner de la tête; on aurait peine à se peindre l'agitation et la confusion qui régnaient au palais des Tuileries comme dans Paris. Louis XVIII seul avait conservé ce calme et cette résignation qui ne l'avaient jamais abandonné. Cédant néanmoins aux exigences de tout son entourage, il se laissait entraîner aux résolutions les plus opposées. D'un côté, il se jetait dans les bras des publicistes doctrinaires, et confiait à Benjamin Constant le soin de rédiger des proclamations qui devaient lui gagner la confiance et l'amour des Français; il se plaçait sous l'égide des gardes nationales et des partisans de révolutions; tandis que, de l'autre, il faisait un appel

à tous les loyaux royalistes et à la fidélité des militaires, qu'on avait si cruellement blessés. Fouché
même fut un moment sur le point d'être mandé au
palais et consulté, puis on se décida à le faire arrêter ; mais le rusé sycophante décampa à temps de son
hôtel, et gagna, par un jardin, celui de la reine Hortense, où il trouva un refuge.

Quelques changements de ministères ; le soin de la
police confié à Bourienne, qui de secrétaire intime de
Napoléon et de son ami d'enfance était devenu son
ennemi déclaré ; des caresses et des promesses à tous
les partis ; des appels aux gardes nationaux et aux
volontaires royaux ; telles étaient les tristes mesures
sur lesquelles MM. de Blacas, Ferrand et Dambray
croyaient pouvoir compter pour chasser ou prendre
le vainqueur de tant de peuples.

Les chambres, qui avaient été convoquées à la
hâte, n'arrivèrent que pour donner au monde le
spectacle du néant des assemblées délibérantes en
présence d'un danger réel, et prouver à l'Europe que
le temps où les sénateurs attendaient la mort sur
leurs chaises curules était passé pour toujours. Du
reste, cette réunion n'eut d'autres résultats que de
procurer à quelques orateurs le plaisir de répéter les
déclamations insérées par Benjamin Constant dans
le *Journal des Débats* contre le despotisme impérial,
de fournir aux ministres un prétexte pour avouer
qu'on avait commis des fautes, enfin, de donner au
roi l'occasion de se présenter solennellement aux
chambres avec son frère et ses neveux, afin d'y prêter à la charte un serment de fidélité qui eût été
mieux placé à l'époque de sa promulgation ; serment

B

qui, de la part du comte d'Artois, fut d'ailleurs toujours
soupçonné d'être peu sincère. — Deux jours après
cette sentimentale mais tardive homélie, les troupes
du camp de Melun venaient en masse se réunir à
celles de l'Empereur, qui faisait le lendemain, 20 mars,
son entrée aux Tuileries. Les Bourbons n'eurent
que le temps de se sauver en Belgique; le duc d'Angoulême seul guerroya quelques jours dans le Midi.

Jamais entreprise plus téméraire en apparence ne
coûta moins de peine à exécuter. On a prétendu,
pour l'expliquer, qu'elle était conforme à l'opinion
générale, qui rend tout facile quand on marche avec
elle : si le principe est vrai, l'application en était pour
le moins douteuse; car si l'on réfléchit à l'état de
l'opinion au moment de la première abdication de
Napoléon, il est permis de croire que la France était
fort divisée dans ses sentiments pour lui, et que le
nombre de ses ennemis égalait bien celui de ses partisans : à la vérité, ceux-ci se composaient de la partie
la plus énergique de la nation. Du reste, s'il est
constant que l'opinion générale soit le plus puissant
des leviers et des appuis, il faut bien reconnaître
aussi qu'elle n'est pas moins mobile de sa nature que
difficile à constater, et qu'il vaut bien mieux encore
s'en rendre l'arbitre et la diriger soi-même que de se
laisser traîner en esclave à sa suite ; enfin, s'il est des
temps où il est prudent de subir ses exigences, il est
bon de s'en rendre maître plus tard.

Napoléon remonte sur le trône.

Quoiqu'il en soit, cette étonnante révolution fut

terminée en vingt jours, sans avoir coûté une seule
goutte de sang ; la France avait changé d'aspect, la
nation rendue à elle-même reprit de la fierté : elle
était libre du joug imposé par l'étranger, puisqu'elle
venait de faire le plus grand acte de spontanéité dont
un peuple soit susceptible. La grandeur de l'entreprise effaçait le souvenir des revers ; Napoléon était
de nouveau l'homme de son choix.

Composition de son ministère.

En attendant les institutions définitives que l'Empereur promettait au pays, son premier soin fut
naturellement d'organiser une administration tem-
poraire, et de mettre des hommes capables à la
tête des divers ministères. — Celui de la guerre fut
donné à Davoust, la marine fut rendue à Decrès, les
finances à Gaudin : le portefeuille des affaires étrangères fut aussi remis à Caulaincourt, dont les dispositions pacifiques étaient connues des alliés ; Cambacérès accepta les sceaux après des instances réitérées ;
Fouché prit le ministère de la police, qui était son
élément. Enfin Napoléon confia celui de l'intérieur à
ce fier républicain Carnot, qui avait refusé de lui décerner l'empire en 1804, et qui accepta le titre de
comte de ce même empire en 1815.

Le choix de ces deux vieux adeptes du jacobinisme
était à la fois un gage que l'Empereur comptait donner au public contre les écarts de ce que l'on nommait son despotisme, et un moyen de lier à sa défense cette portion énergique du peuple dont ils
étaient comme le drapeau. Il connaissait mieux que

personne la portée du génie militaire de Carnot, qui,
après avoir par instinct ordonné quelques opérations
passables en 1793 et 1794, en ordonna de très-mau-
vaises en 1796. Mais il avait une volonté énergique et
des utopies populaires; il pouvait être fort utile au
ministère de l'intérieur, auquel appartenait la mission d'exciter les masses pour la défense nationale et
de les organiser à cet effet. Son caractère, quoique
trop prôné, était empreint d'une sorte de probité et
de droiture qui avait survécu aux orages révolutionnaires; ce caractère, joint aux talents qu'on lui supposait pour la défense du pays, en avait fait un nouveau Caton aux yeux de la multitude; on pensait, et
cela était vrai, qu'il ne serait jamais un agent servile
des volontés impériales; mais on ne savait pas non
plus tout le bien que sa roideur et son penchant à
l'opposition pouvaient empêcher.

Quant à Fouché, son caractère prononcé pour
l'intrigue est assez connu pour que je me dispense
de m'étendre sur son compte. Cet homme, qui avait
l'esprit vaste, mais souvent faux, prenait la ruse, la
rouerie, pour le véritable génie des affaires : sa
grande expérience, en lui démontrant le vide des
utopies démagogiques, n'avait pas néanmoins réussi
à déraciner ses idées doctrinaires de 1791. Il voulait
de la force dans les mesures administratives du gouvernement, sans comprendre qu'il en faut, avant
tout, dans les institutions.

Napoléon connaissait trop bien Fouché pour se fier
à lui; mais si celui-ci avait quelque ressentiment
de l'honorable exil que l'Empereur lui avait imposé
en 1810, il avait aussi à redouter les Bourbons, qui

voulurent le faire arrêter quatre jours avant son entrée à Paris, et qui avaient de bien plus grands griefs
contre lui. Un homme de cette trempe, qui n'était
resté étranger à aucun complot depuis 1792, qui les
avait ourdis, protégés ou déjoués, ne pouvait rester
les bras croisés dans le grand conflit qui se préparait ; on devait se résoudre à l'utiliser en flattant son
ambition, ou à le mettre hors d'état de nuire. L'en-
fermer à Vincennes ou l'exiler sans jugement eût
causé trop de scandale dans un moment où l'on criait
tant à l'arbitraire ; Napoléon préféra donc l'employer
à tout risque, et paya cher cette faute. Les nombreux
et audacieux clients qui se groupaient autour de ces
deux ex-conventionnels, ceux qui se rangeaient sous
les bannières des Lafayette, des Lanjuinais, des Benjamin Constant, ne signalaient que trop les rudes
assauts que le nouveau chef du gouvernement aurait
à soutenir s'il ne les liait pas à sa cause : l'expérience
n'avait pas encore appris qu'ils étaient non moins dangereux comme amis que comme ennemis.

Position envers l'Europe.

Ayant ainsi pourvu à la formation de son conseil,
Napoléon sentit qu'il était urgent de tourner ses re-
gards sur l'Europe : le grand capitaine avait refusé la
paix qu'on lui offrait à Châtillon avec les limites
de 1792, parce qu'il se trouvait alors sur le trône de
France, et qu'elle le faisait descendre trop bas ; mais
rien ne l'empêchait d'accepter celle qu'on avait imposée aux Bourbons, parce qu'il venait de l'île d'Elbe,
et que la responsabilité n'en pesait plus sur lui, ni

5.

aux yeux de la France, ni aux yeux de la postérité. En prévenant Murat de son départ, l'Empereur l'avait chargé d'envoyer un courrier à Vienne porter l'engagement d'adhérer aux traités de Paris, avec la promesse de ne plus s'occuper que du bonheur intérieur de la France. Malheureusement, il n'avait pas alors près de lui un homme assez habile pour l'envoyer à l'empereur Alexandre, afin de démontrer à ce prince combien la rivalité anglaise devait lui peser un jour, et combien la Russie devait attacher de prix à ce que la France eût un gouvernement fort, national, et ennemi de l'Angleterre. Comme il ne pouvait plus être question de ses anciens projets sur la Vistule, et que dès lors aucune rivalité ne devait exister entre les deux pays, il serait bien difficile d'affirmer l'effet qu'une pareille mission aurait produit sur l'esprit de ce monarque; mais ce fut un malheur que l'essai n'ait pu en être fait.

Dans tous les cas, il était naturel de croire que les assurances positives données par Napoléon aux souverains ne resteraient pas sans effet; car l'Europe, étonnée de son retour et de l'énergie du peuple français, devait redouter la répétition des scènes de la révolution, si elle provoquait à déployer toutes les ressources de la propagande. Le succès de sa démarche n'aurait pas été douteux, si le congrès eût été dissous comme on l'avait assuré, et si l'Empereur eût traité avec les cabinets un à un (1).

(1) Ceci a été écrit en 1828, et la conduite de l'Europe en 1830 prouve la vérité de l'assertion.

Napoléon partit sur la foi des articles écrits de Vienne par

Coalition générale contre Napoléon.

Mais les souverains étant en présence, leur amour-propre s'irrita ; leurs intérêts divisés depuis la chute de l'empire, au point qu'il eût été difficile de les réunir par des négociations, purent en vingt-quatre heures se rallier vers un but commun, celui de consolider le partage des riches dépouilles que le retour de Napoléon venait remettre en problème. Il eut beau protester de son adhésion aux traités, on n'en voulut rien croire ; la coalition fut renouée avant même que ses protestations parvinssent à Vienne. Tous les gouvernements qui avaient mis les armes aux mains de leurs peuples, ne voulurent voir dans son retour qu'une révolte militaire, capable de ramener les déplorables époques où les légions romaines disposaient de l'empire au gré des ambitieux qui les commandaient ; chacun des souverains craignit donc, à tort ou à raison, de voir son trône exposé aux mêmes dangers. En outre, l'Autriche, tremblant qu'on ne lui disputât l'Italie, oublia totalement les liens que les événements de 1814 avaient déjà rompus. La Russie, persuadée qu'elle ne pouvait conserver Varsovie qu'en se ralliant à ses rivaux les plus naturels, sacrifia tout à ce résultat. La Prusse, qui sollicitait à Vienne pour s'arrondir aux dépens de la Saxe, prit les autres accroissements qu'on lui assura, de peur de n'avoir ni

M. Latour-Dupin, et insérés dans le *Journal des Débats*. On y annonçait le départ du roi de Prusse et de l'empereur Alexandre comme certain.

les uns ni les autres. L'Angleterre, menée par des hommes médiocres, crut apercevoir de nouveau les aigles impériales flotter à Boulogne, à Anvers et en Égypte, et prodigua ses subsides pour se soustraire à un danger imaginaire, ou du moins fort exagéré.

Déclaration du congrès qui met Napoléon au ban des nations.

Ainsi tous les intérêts se trouvèrent de nouveau aux prises avec l'existence de Napoléon. La déclaration du 13 mars, qui le mettait en quelque sorte hors du droit des gens, prouve assez les craintes qu'il inspirait. Si à tous ces motifs on ajoute la peur que Talleyrand conçut de ce retour, dont le résultat allait replacer sous séquestre les dix millions de fonds bernois qu'il avait en Angleterre, en même temps que sa fortune serait compromise en France par son bannissement, on comprendra aisément la violence de cette fameuse déclaration, dont la rédaction lui a été généralement attribuée.

Pour calmer les puissances, il aurait fallu que l'Empereur eût le temps d'assurer à la Russie le duché de Varsovie, et à l'Autriche la cession de l'Italie; il y serait peut-être parvenu si les négociations eussent été transférées isolément à Pétersbourg et à Vienne. Mais la déclaration du 13 mars, faite en congrès européen, laissait peu de chance de succès à ses propositions pour conserver la paix.

Toutefois, Napoléon pensa d'abord que cette déclaration avait été inspirée aux cabinets par le désir de seconder la résistance que les Bourbons pourraient lui opposer, autant que par une défiance exagérée dans ses projets ultérieurs sur l'Europe. Rien de plus naturel que les monarques dont les victoires avaient ramené Louis XVIII sur le trône cherchassent à l'y maintenir; mais lorsque ce prince eut été si facilement réduit à une nouvelle émigration, la question changeait de face : l'Empereur pouvait donc se flatter que les cabinets seraient disposés à revenir sur leurs pas, lorsqu'ils seraient instruits de la rapidité de son triomphe et du succès inouï de son entreprise, aussi bien que de ses intentions pacifiques. Malheureusement, les traités d'alliance *offensive et défensive,* signés le 25 mars entre les grandes puissances, vinrent bientôt détruire cette illusion (1).

Nous n'avons pas à décider si cette résolution des souverains fut réellement inspirée par l'intérêt général des trônes, et si sous ce rapport elle était bien ce qui convenait le mieux. La dynastie de Napoléon avait été glorieusement inaugurée par la victoire au nombre de celles qui régnaient en Europe, et son alliance à la fille des Césars l'avait doublement inféodée. Dès lors il eût été peut-être plus sage de la laisser sur le trône que de l'en expulser pour mettre à la place un gouvernement qui, imposé par la violence, pouvait difficilement rendre le repos à la France et à l'Europe.

(1) Quelques publicistes trop crédules ont attribué aux intrigues de Fauche Borel, agent secret des Bourbons, une part essentielle à ces importantes résolutions du congrès : il faut une étonnante dose de simplicité pour croire que les cabinets des grandes puissances pussent attendre les insinuations de pareils agents pour règle de leur conduite dans une circonstance aussi grave et aussi importante.

On a peine à croire que la crainte de voir triompher dans ce pays le principe électif et celui de la souveraineté nationale ait suffi pour motiver une coalition aussi extraordinaire ; car, après tout, ce principe dissolvant ne saurait se répandre en Europe par l'application partielle qui en serait faite dans un pays quelconque ; et, si l'on avait peur de l'ambition de la France, on ne pouvait rien faire de mieux que de lui léguer des causes de déchirements futurs en lui laissant ce gouvernement électif. Du reste, lorsqu'un principe est jugé funeste aux États, ce n'est pas avec du canon qu'il faut le combattre, mais avec de sages discussions, de l'expérience et du temps. Napoléon acceptant les traités de Paris et maintenu sur le trône aurait affermi les gouvernements en général, comprimé les idées révolutionnaires, et détourné les crises qui faillirent bouleverser l'Europe deux ou trois fois depuis sa chute ; le volcan, qui fume encore plus menaçant qu'on ne le pense, eût été éteint ou étouffé pour longtemps ; enfin l'équilibre européen eût été plus sûrement rétabli.

A la vérité, il était difficile de supposer que Napoléon maintiendrait longtemps les stipulations des traités de Paris : l'indignation excitée dans le pays par ces traités avait été une des causes de l'expulsion des Bourbons... Aurait-il osé les regarder comme un engagement éternel ?... La nation, l'armée surtout, dont la force mise sur le pied de guerre eût excité l'ambition, n'auraient-elles pas entraîné le chef de l'État à saisir la première occasion de reprendre au moins la ligne du Rhin et des Alpes ?

En pesant ces diverses considérations, on concevra

aisément le double embarras dans lequel ce retour plongea les puissances coalisées, et les résolutions qui en furent la conséquence naturelle. La conviction que l'armée seule avait causé cette révolution, et la crainte de voir les trônes à la merci des chefs militaires, jointe au désir de consolider le partage des conquêtes faites sur l'empire ; tels furent certainement les véritables mobiles des monarques ; l'un et l'autre étaient assez puissants pour les déterminer ; mais il semble fort difficile de décider si le danger de substituer à Napoléon un gouvernement faible et imposé n'était pas pire que le mal causé par son retour, en assurant de nouvelles révolutions.

Campagne du duc d'Angoulême dans le Midi.

Les embarras extérieurs qui résultèrent des actes du congrès de Vienne n'étaient pas les seuls qu'éprouvât Bonaparte, car le duc d'Angoulême, se trouvant à Bordeaux au moment de son débarquement, prit aussitôt des mesures pour lui disputer l'empire. Louis XVIII avait ordonné à ce prince d'établir à Toulouse le siége d'un gouvernement royal, et l'avait nommé son lieutenant dans le midi de la France. — De Toulouse, où il avait organisé rapidement la résistance, de concert avec M. de Vitrolles et avec le comte de Damas, le duc s'était rendu à Marseille, où il avait trouvé les mêmes ovations de la part de cette population parasite, pour qui le lucre mercantile et l'intérêt matériel sont les premiers besoins. A l'aide de quelques régiments qui lui étaient restés fidèles, et surtout des habitants fanatisés du Languedoc, où les dissensions religieuses s'alliaient aux querelles politiques, le duc organisa trois colonnes, avec lesquelles il remonta le Rhône pour reprendre Lyon et Grenoble ; mais la défection se mit aussi dans cette troupe ; deux régiments se déclarèrent pour Napoléon, et le 10ᵉ de ligne seul conserva un millier de soldats au prince, qui y joignit six à sept mille gardes nationaux. Après avoir battu le général Debelle à Loriol, sur la Drôme, il s'avança sur Valence ; mais les officiers impériaux, envoyés à Toulouse et à Montpellier, avaient réussi à faire arborer le drapeau tricolore dans ces deux villes, et à faire prononcer leurs garnisons. En même temps, le Dauphiné se prononçait aussi contre les Bourbons, et Grouchy, envoyé à Lyon, préparait les moyens d'étouffer ce faible noyau de guerre civile, en dirigeant plusieurs petites colonnes sur Valence. Le duc, serré de près par le général Gilly, et instruit que les départements sur ses derrières avaient reconnu le gouvernement impérial, signa, le 9 avril, au Pont-Saint-Esprit, une convention par laquelle il consentit à évacuer la France et à s'embarquer. Grouchy, d'après l'ordre qu'il en avait reçu, refusa d'abord de ratifier cet acte, auquel Napoléon se hâta néanmoins de donner sa sanction.

Troubles dans la Vendée.

Dans le même temps, des troubles inquiétants, éclatés en Vendée, avaient forcé d'y détacher 15,000 hommes de vieilles troupes, sous le général Lamarque ; cet officier distingué parvint, par son activité et celle du général Travot, à y comprimer le feu de la guerre civile, bien plus redoutable dans ces contrées que dans le reste de la France, tant à cause des localités que par le caractère opiniâtre et dévoué de ses habitants. Cependant, malgré la mort de Larochejaquelein, tué au combat de Mathes, et les succès remportés à Saint-Gilles et à Roche-Servières, les hostilités ne cessèrent de fait qu'après la bataille de Waterloo.

Levée intempestive de boucliers faite par Murat. Il est battu et détrôné par les Autrichiens.

Tandis que ces choses se passaient en France et au congrès de Vienne, Murat vint encore compliquer la position de son beau-frère, par une levée de boucliers tout à fait digne de son caractère bizarre et aventureux. Instruit des négociations qui avaient eu lieu entre la France et l'Autriche pour le déposséder, il demanda à celle-ci un passage en Italie pour tirer vengeance des menaces du ministère de Louis XVIII : on peut bien penser qu'il lui fut refusé. A la nouvelle du débarquement de Napoléon, Murat se flatte tout à coup de réparer à ses yeux sa défection de 1814. Il se persuade que le moment est venu de jouer un grand rôle, et qu'en promettant aux peuples d'Italie une résurrection nationale, il peut encore se rendre l'arbitre de grands événements. Il débouche, le 22 mars, d'Ancône avec 40,000 hommes, chasse les Autrichiens de Césène, et, favorisé par les populations de Bologne et de Modène, envahit avec rapidité les pays situés à la rive du Pô jusqu'aux portes de Plaisance, tandis qu'une autre colonne envahit les

6

États romains et la Toscane. Partout il sème des proclamations annonçant qu'il vient réunir les Italiens
sous un même drapeau, et prend possession, en son
nom, des provinces qu'il traverse : il médite même
l'invasion de la Lombardie à travers le Piémont,
quand il est arrêté par les déclarations du ministre
anglais, qui le menace de guerre. Les Autrichiens,
bientôt rassemblés, lancent contre lui le général
Bianchi avec 25 ou 30,000 hommes. Parti de Flo-
rence avec le gros de ses forces, ce général marche
par Foligno, afin de couper la retraite de Murat, en
même temps que Neipperg l'inquiétera par la route
d'Ancône. Le roi de Naples est obligé de se retirer
en toute hâte pour éviter ce fâcheux résultat ; la rencontre décisive a lieu à Tolentino le 2 mai ; l'armée
napolitaine, entièrement défaite, se débande dans
toutes les directions. Murat, qui a regagné sa capitale
avec une mince escorte, abandonné même de ses
plus chauds partisans, est contraint à s'enfuir de Naples pour chercher un refuge en France : il vient
débarquer à Toulon. Une convention, signée à Capoue,
le 20 mai, par ses lieutenants, ramène Ferdinand IV
sur le trône des Deux-Siciles.

Rien n'était plus intempestif que cette échauffou-
rée. Si l'Autriche avait eu le moindre penchant à revenir sur les déclarations du 13 mars, c'était rendre la
chose impossible ; et en supposant même que le cabinet de Vienne fût résolu à y persister, on devait
éviter tout ce qui était capable de resserrer les liens
de la coalition. Sous le rapport militaire, c'était prendre beaucoup trop tôt l'initiative des hostilités, puisqu'on les commença avant même de connaître l'entrée

de Napoléon à Paris, en sorte qu'il était loin de pouvoir le seconder. Comme diversion, le roi de Naples pouvait beaucoup ; mais vouloir se faire partie principale de la guerre, c'était une absurdité (1).

Ainsi, deux fois Murat compromit l'empire : la première, en se déclarant pour ses ennemis ; la seconde, en s'armant mal à propos pour lui. Il expia par une mort chevaleresque deux fautes qui le précipitèrent du trône ; sa mémoire, comme soldat, sera glorieuse.

Préparatifs pour repousser une agression.

Cependant le triste résultat de cette inconcevable levée de boucliers, les succès des Autrichiens, et les avis qui parvenaient en France de ce qui se passait à Vienne et dans tout le reste de l'Europe, étaient de nature à inspirer de justes craintes aux hommes les moins prévenus. Une guerre formidable allait de nouveau menacer l'existence nationale, et tout espoir de dissiper cet orage par des concessions était évanoui ; Napoléon devait se décider à le braver ou à le fuir lâchement : entre deux résolutions pareilles, un homme de sa trempe pouvait-il hésiter ? Si son honneur personnel eût été seul en jeu, il aurait pu le

(1) Bien des gens pensent que Murat fut excité par Napoléon à cette invasion de l'Italie, pour lui faciliter son entreprise en occupant les Autrichiens. Cela eût été bon après qu'il eut reconnu l'impossibilité de maintenir la paix ; mais s'il en avait l'espoir, c'était une grande imprudence, et, dans tous les cas, l'époque en était fort mal choisie. Il est donc plus que probable qu'il en fut fort contrarié.

sacrifier à l'avenir de la France; mais l'honneur de
la nation n'était-il donc pas plus engagé encore que
le sien? Un peuple de trente millions d'hommes, qui
venait d'élever le plus grand de ses citoyens sur le
pavois, pouvait-il, sur une déclaration diplomatique
émanée d'un congrès étranger, chasser ce chef adop-
tif, et subir le joug qu'on voulait lui imposer?

Quelques voix puissantes se sont néanmoins éle-
vées pour reprocher à Napoléon d'avoir conservé le
trône après la réception de ces déclarations de Vienne.
Il aurait dû, à leur avis, exposer franchement à la
France la position dans laquelle il allait se trouver
en face de l'Europe alarmée et soulevée contre lui,
puis proposer à la nation de prononcer sur les trois
partis suivants :

1° Se remettre sans délai à la merci de Louis XVIII.

2° Proclamer au contraire Napoléon II, avec une
régence, ou tout autre gouvernement qui eût paru
préférable.

3° Ou déclarer enfin la nullité de l'abdication de
Fontainebleau, en décernant de nouveau l'empire à
Napoléon lui-même.

Si la nation eût adopté ce dernier parti, alors le sort
de la France eût été irrévocablement lié au sien, et
tout abandon eût été lâcheté ou félonie.

Les apôtres fervents et irréfléchis de la souveraineté nationale pouvaient trouver quelque chose de
spécieux dans ces idées, mais au fond elles étaient dénuées de toute sagacité : en premier lieu, Napoléon
ne désespéra pas immédiatement de ramener l'Autriche, et peut-être la Russie, à des sentiments plus
favorables à sa cause; il renouvela plusieurs tentati-

ves, et envoya même le général Flahaut à Vienne dans
cette intention : ensuite il avait trop de fierté pour se
soumettre ainsi à une sorte de proscription qui eût
blessé le prince le moins fait pour régner, et qui devait
paraître doublement humiliante à un illustre capitaine
tel que lui : enfin, il est probable qu'il aimait encore
trop le pouvoir pour aller, à l'exemple de Charles-
Quint et de Victor-Amédée, chercher le repos dans un
cloître. Pouvait-il dès lors entrer dans sa pensée de fuir
à jamais, comme proscrit, la France, où Louis XVIII
n'eût pas manqué de revenir, accompagné d'une partie des coalisés? N'était-ce pas livrer aux fureurs des
réactionnaires tous les hommes qui s'étaient dévoués
à sa cause?

D'ailleurs, en abdiquant le pouvoir dans les premiers jours d'avril, à qui en eût-il fait la remise, puisqu'il n'y avait pas alors d'autorités constituées? Belle
conception vraiment, que de laisser la France sans
aucun gouvernement pendant trois mois, au moment
où huit cent mille hommes allaient fondre sur elle!
Il n'y avait pas à choisir : il fallait fuir, en suppliant
Louis XVIII de rentrer dans la capitale, ou bien
combattre! L'alternative était pénible, les chances
en étaient effrayantes, mais enfin il n'y en avait pas
d'autre; et si Napoléon était bien secondé, il avait
l'intime conviction de triompher de ses ennemis.

D'autres Aristarques, aussi téméraires que ceux-là
étaient faibles, ont prétendu que, loin de céder à l'o-
rage, l'Empereur aurait dû le prévenir, et profiter
sans retard du premier élan du peuple, pour montrer, en envahissant la Belgique et en proclamant la
liberté dans toute l'Europe, à quel point il était en-

6.

core redoutable; tandis que son attitude pacifique endormit la nation! Déclamation pitoyable! On ne jette pas un peuple en blouses et armé de piques sur les légions aguerries de l'Europe entière. Il fallait une grande armée, et pour l'obtenir il importait de conserver précieusement le noyau qui en existait, afin d'en grossir les rangs au moyen de ce même peuple qu'il s'agissait de lever et d'organiser. Rien n'était prêt pour cela, et l'attitude pacifique qu'on reproche à Napoléon consista à travailler seize heures par jour, durant trois mois, pour créer cette armée. Il porta les cadres des régiments de ligne de 2 à 5 bataillons, et renforça ceux de cavalerie de deux escadrons : il fit organiser 200 bataillons de gardes nationales mobiles, 40 bataillons de vieille et de jeune garde, 20 régiments de marine. Les anciens soldats licenciés furent tous rappelés sous les drapeaux; les conscriptions de 1814 et 1815 furent levées; même les soldats et les officiers en retraite furent engagés à rentrer en ligne. Au 1er juin, c'est-à-dire en deux mois, l'effectif de l'armée française avait été porté de 200,000 à 414,000 : on aurait pu compter au mois de septembre sur 700,000 hommes ; mais il fallait le temps.

Motifs de l'attitude défensive de Napoléon.

Il serait absurde de croire qu'au milieu de ces préparatifs, Napoléon n'eût pas songé à l'invasion de la Belgique pour s'assurer la ligne défensive du Rhin. Dès le lendemain de son arrivée à Paris, la question en fut agitée, mais plus d'un obstacle s'y opposa. D'abord on n'avait sous la main que 40,000 hommes, la

Vendée était soulevée, le duc d'Angoulême marchait
sur Lyon, et les Marseillais sur Grenoble. Il importait d'être maître chez soi avant de vouloir l'être chez
les autres. Une raison plus forte encore devait empêcher cette invasion. Comment allier une telle démarche avec la lettre dans laquelle l'Empereur offrait
aux souverains une paix sincère et durable ? S'il eût
été téméraire de compter sur la bienveillance de tous,
on avait encore quelques motifs de croire à celle de
son beau-père. L'empereur d'Autriche avait cherché
en 1814 à empêcher son détrônement ; au moment
de son retour, la discussion s'échauffait avec la Russie et la Prusse au sujet du partage de la Gallicie et
du sort de la Saxe. On avait donc tout lieu d'espérer
que le cabinet de Vienne consentirait, en 1815, à ce
que son négociateur avait proposé lui-même en 1814 :
maintenir l'Empereur sur le trône, s'il consentait à
l'abandon de l'Italie. Napoléon en fit la proposition,
et, malgré la fameuse déclaration du 13 mars, on
pouvait encore se flatter de voir le père de Marie-
Louise revenir à ses premiers sentiments. Outre
cela, les Français avaient blâmé le penchant de Napoléon pour la guerre ; l'opinion publique, étant pronon-
cée pour la paix, eût repoussé l'idée d'une agression,
avant de savoir si le maintien de cette paix était impossible.

En admettant même que l'issue de ses démarches
pacifiques fût aisée à prévoir, on aurait acquis peu
de chances en courant à Bruxelles, encore gardée
par une armée d'occupation de la Confédération germanique : Luxembourg et Mayence n'étaient plus à
la France, et ces places, ainsi que la Hollande, don-

nant aux alliés plusieurs débouchés sur la gauche du
Rhin, il n'est pas certain que cette invasion eût été
fort utile ; on eût commencé à combattre sur la Meuse
ou la Moselle, au lieu de le faire sur la Sambre, voilà
tout. Dans la supposition très-peu probable que l'on
eût réussi à soumettre Anvers et Luxembourg sans
un siége, il eût fallu y jeter de fortes garnisons, et
les Français n'étaient guère en mesure de le faire ; si,
au contraire, ces places importantes demeuraient au
pouvoir de l'ennemi, à quoi eût servi Bruxelles, entourée de Maestricht, de Luxembourg, de Berg-op-
Zoom, d'Anvers? N'était-il pas plus sage de garder les
cadres des vieux régiments sous la main, afin d'en
doubler l'effectif par une nouvelle organisation, plutôt que de les éparpiller dans la Belgique?

Napoléon repousse les moyens de défense révolutionnaires.

On a dit qu'il aurait fallu recommencer une révolution complète pour se donner toutes les ressources
arbitraires qu'elles créent, et remuer toutes les passions pour profiter de leur aveugle dévouement, attendu que sans cela on ne pouvait sauver la France.
C'était l'avis de Fouché, et plus encore celui de Carnot, qui était resté franc jacobin sous le manteau de
comte. Plusieurs motifs empêchèrent Napoléon de
recourir à ces moyens : le premier, c'est qu'il redoutait avec raison les orages populaires, parce qu'il n'y
a point de frein pour les mener et qu'ils dévorent
ceux mêmes qui les ont excités ; le second, c'est qu'il
n'était point convaincu que l'anarchie et le bouleversement de tout ordre social fussent un moyen infail-

lible de sauver une nation : cela réussit en 1793 par un concours de circonstances sans exemple, et qui ne se représentera probablement jamais.

Du reste, quelque crainte que l'Empereur eût de ces orages populaires, il crut nécessaire d'exciter un peu les masses, tout en s'appliquant néanmoins à leur poser de justes limites : la tâche est difficile et la pente glissante; il n'est donné qu'à des forcenés comme Marat et Robespierre, ou à des hommes extravagants dénués de toute expérience, de déchaîner le tigre révolutionnaire de propos délibéré. Après avoir autorisé des sociétés de fédérés, destinées à exciter l'esprit public pour la défense de la patrie, il s'agissait d'empêcher qu'elles n'étendissent leur action sur l'ordre social : il fallait pour cela une force convenable dans l'administration, et de la prévoyance dans les institutions ; or, ce rôle à double face était fort pénible à soutenir.

Napoléon allait effectivement se retrouver, par de nouvelles élections, en présence des républicains vaincus au 18 brumaire, des royalistes qui ne voulaient pas de son empire, et des anarchistes qui ne veulent d'aucun gouvernement. Mais en flattant les espérances des premiers et la folie des derniers, il comptait se servir de leur influence et de leurs déclamations patriotiques pour exciter le peuple à courir aux armes. En remettant en jeu ces éléments révolutionnaires ainsi modifiés, le chef de l'État se flattait d'en diriger l'emploi d'une main assez ferme pour repousser l'anarchie. Malheureusement les exaltés s'aperçurent bien que le règne des clubs était passé sans retour, et ils présentèrent ses précautions comme une preuve de sa soif du pouvoir, tandis qu'elles n'étaient qu'une garantie pour l'ordre social, et pour ceux qui devaient guider le vaisseau de l'État au milieu des tempêtes effrayantes dont il était menacé.

Projets de modifications aux constitutions de l'empire.

L'assemblée du champ de mai se préparait ; il fallait avant tout s'expliquer franchement sur ce qu'on voulait apporter de changements aux institutions de l'empire. Napoléon avait annoncé l'intention de concerter ces changements avec les députés de la nation qui seraient délégués à cet effet ; mais les déclarations du congrès de Vienne et les préparatifs de la nouvelle coalition ne laissant plus de doute sur une guerre imminente, il dut opter entre la nécessité de renvoyer les électeurs chez eux, afin de se saisir d'un pouvoir dictatorial indéfini, ou de présenter lui-même les modifications qu'il était disposé à apporter à l'exercice de ce pouvoir, attendu qu'il eût été imprudent de partir pour l'armée en laissant la France sans gouvernement légal, en proie aux disputes dogmatiques et au choc des factions. Il est probable, du reste, que Napoléon ne fut pas fâché d'avoir ce prétexte plausible de consolider son pouvoir ; car, si les discussions dogmatiques sur les constitutions sont toujours orageuses dans une assemblée de quatre à cinq cents personnes, et si elles finissent ordinairement par le triomphe des doctrines les moins propres à donner au gouvernement la force et la stabilité nécessaires, comment établir une pareille discussion, même par commissaires, devant une réunion de cent mille électeurs ?

L'Empereur jugea donc indispensable de prendre l'initiative des modifications nécessaires pour mettre les anciennes institutions de l'empire en harmonie avec les opinions libérales qu'elles avaient froissées. Ces modifications furent débattues dans un conseil composé des ministres et du conseil d'État, au sein duquel on appela Benjamin Constant, le plus influent de ces publicistes à théories, qui font tant de bruit à la tribune, et si mince besogne quand ils gouvernent eux-mêmes.

Jaloux de se concilier l'ex-tribun qui s'était constamment mis à la tête de toutes les oppositions doctrinaires, Napoléon l'avait fait appeler, dès le 14 avril, pour le consulter particulièrement sur ces importantes mesures, avant de les soumettre à son conseil. Il lui exposa ses vues avec une *franchise,* une *froideur* et une *impartialité* dont Benjamin Constant eut la bonhomie de lui faire des reproches sérieux après sa chute; comme si de pareilles questions devaient jamais être traitées avec passion, entraînement ou dissimulation. Ses lettres sur les cent-jours, dans lesquelles il rend compte de cette entrevue, ne sont pas les moins curieuses des pièces que les adversaires de Napoléon aient pris soin de publier eux-mêmes pour sa justification !!!

« La nation (lui dit-il) s'est reposée douze ans de « toute agitation politique ; depuis une année elle se « repose de la guerre ; ce double repos lui a rendu « un besoin d'activité. *Elle veut ou croit vouloir* « *une tribune publique et des assemblées : elle ne* « *les a pas toujours voulues ;* elle s'est jetée à mes « pieds quand je suis arrivé au gouvernement. Vous

« devez vous en souvenir, vous qui essayâtes de l'op-
« position : où était votre appui, votre force? Nulle
« part. J'ai pris moins d'autorité que l'on ne m'invi-
« tait à en prendre.

 « Aujourd'hui, tout est changé ; le goût des con-
« stitutions, des débats, des harangues, paraît revenu.
« Cependant ce n'est que la minorité qui les veut, ne
« vous y trompez pas ! Le peuple ne veut que moi :
« vous ne l'avez pas vu ce peuple, se pressant sur mes
« pas, se précipitant des montagnes, me cherchant,
« me saluant.... Je n'aurais qu'un signal à lui donner
« pour qu'il se jette sur les royalistes et les nobles.....
« Mais je ne veux pas être le roi d'une Jaquerie.....
« S'il y a moyen de gouverner avec une constitution,
« à la bonne heure, je ne demande pas mieux,
« quoique cela ne soit pas aussi facile qu'on le pense.
« J'ai voulu l'empire du monde, et, pour me l'assurer,
« un pouvoir sans bornes m'était nécessaire; pour
« gouverner la France seule, il se peut qu'une con-
« stitution vaille mieux..... Quoique ce soit encore
« un problème, on peut en essayer. J'ai voulu l'em-
« pire du monde : eh! qui ne l'eût pas voulu à ma
« place? Le monde m'invitait à le régir.... peuples et
« gouvernants se précipitaient à l'envi sous mon
« sceptre..... Voyez donc le système qui vous sem-
« blera possible ; apportez-moi vos idées. Des discus-
« sions publiques, des élections libres, des ministres
« responsables, la liberté de la presse, je veux tout
« cela : je suis convaincu sur cet article (1).

(1) Napoléon pouvait dire vrai au moment où il émettait cette
idée; il ne tarda pas à s'assurer qu'il se trompait, ou qu'il enten-

« Je suis l'homme du peuple ; s'il veut réellement
« la liberté, je la lui dois..... Je n'ai jamais songé à
« l'opprimer pour mon plaisir..... J'avais de grands
« desseins, le sort en a décidé. Je ne suis plus un
« conquérant, je ne puis plus l'être..... Je n'ai qu'une
« mission, celle de relever la France et de lui donner
« un gouvernement qui lui convienne. Je ne veux
« pas vous donner de fausses espérances. Je laisse
« dire qu'il y a des négociations, il n'y en a point.
« Je prévois une lutte difficile, une guerre longue ;
« quoique je désire la paix, je ne pourrai l'obtenir
« qu'à force de victoires ; il faut que la nation m'ap-
« puie. En échange, elle voudra de la liberté : elle
« en aura autant qu'il est possible d'en donner sans
« tomber dans l'anarchie. La situation est neuve ; je
« ne demande pas mieux que d'être éclairé. Je vieillis ;
« le repos d'un roi constitutionnel peut me convenir ;
« il conviendra encore mieux à mon fils. »

On voit par ces paroles que Napoléon connaissait
la délicatesse de la tâche qui lui était imposée. Les
hommes ennemis de tout pouvoir qui l'ont accusé de
duplicité, pendant ce court règne de cent jours, parce
qu'il ne voulut pas le retour du régime de 1793 ou
de 1799, pourraient s'assurer par les assertions mêmes
de Benjamin Constant qu'il adoptait franchement les
assemblées délibérantes et la tribune publique comme
une nécessité de l'époque, bien qu'il fût loin de
partager l'engouement universel à ce sujet. Cependant on le soupçonna, on l'accusa même, comme

---

dait du moins cette liberté avec tous les moyens de réprimer la
licence.

Louis XVIII, de n'être pas sincère dans cette espèce de conversion politique. Si les principes qui avaient présidé à l'établissement de l'empire prouvaient que l'expérience des affaires avait beaucoup modifié les idées libérales dont il fit profession dans les premières années de la révolution, tout porte à croire néan--moins qu'il eût respecté les nouvelles institutions promises, si les autres pouvoirs établis voulaient franchement rester dans leurs limites, et se bien convaincre que leur véritable mission constitutionnelle est de seconder le gouvernement et non de restreindre et d'annuler son action.

Observations sur les chartes modernes.

Nous l'avons déjà dit plus haut, Napoléon ne méconnaissait point les avantages qu'on peut se promettre des assemblées ; mais il appréciait aussi les immenses dangers qu'elles présentent, lorsque de prudentes et fortes institutions n'en règlent pas suffisamment l'influence et la marche : or, il pensait que les chartes modernes et l'éducation politique des Français n'avaient point encore atteint ce but. L'expérience prouvera s'il avait tort ; en attendant, on me permettra de présenter ici quelques observations puisées dans des événements plus récents, et qui portent à croire au contraire qu'il avait fortement raison.

Les dogmes de liberté qui ont fait tant de bruit de nos jours, et qu'il avait professés de bonne foi comme bien d'autres, sont certes tout ce qu'il y a de plus séduisant, si on les applique à l'homme en particulier ; mais quand on les applique collectivement aux sociétés

que l'on nomme des nations, et aux idées gouverne-
mentales, on reconnaît alors que l'on a souvent fait
un grand abus de ce mot.

Il en est résulté une sorte de confusion dans le langage constitutionnel, une métaphysique nébuleuse qui
a produit les plus étranges *credo* politiques.

Des hommes graves et instruits ont posé comme
principe, que l'autorité, c'est-à-dire le gouvernement,
étant envahissante de sa nature, se trouvait par cela
même être l'ennemi naturel des libertés. Partant d'un
si beau système, il est fort simple que tout homme
qui se dit ami de la liberté se regarde comme ennemi-
né de l'autorité, soit qu'elle provienne d'un consul,
d'un préfet, d'un empereur ou d'un roi. Ainsi, il en
résulte que les administrations publiques, royales,
impériales ou autres, établies pour protéger tous les
intérêts publics et tous les droits privés; les fonctionnaires qui doivent rendre la justice, protéger la vie
et les propriétés des citoyens, organiser les flottes et
les armées, propager et régler l'instruction publique,
diriger les guerres, méditer et conclure les alliances,
négocier les traités, faire creuser les canaux, con-
struire les places de guerre, préparer et développer
la puissance nationale : ces autorités, en un mot, qui
devraient faire l'orgueil de toute nation bien organisée, ont été transformées par ces étranges doctrines
en ennemis publics...., en objets de suspicion et
de haine.

Qu'on ne m'accuse pas d'exagération; j'en appelle
à tous ceux qui ont occupé un emploi un peu éminent
en France : il n'en est pas un qui ne compterait
aujourd'hui une bonne partie de ses administrés au

nombre de ses adversaires ou de ses détracteurs.
Il faut le dire, les apôtres de ces singulières maximes
n'ont pas toujours été de jeunes écervelés sortant des
colléges, ou des prolétaires sans nom et sans existence ; les plus ardents se sont trouvés parmi les
écrivains qui en ont acquis de la célébrité ou de la popularité ; parmi de graves magistrats ; dans les rangs
les plus élevés de l'armée ; enfin, parmi les législateurs qui en ont fait retentir la tribune, aux acclama-
tions de tous les adeptes ; en sorte que bon nombre
de députés, entraînés par ces utopies, se sont per-
suadés que les chambres aussi étaient appelées par
devoir à enchaîner et contrarier l'autorité, toutes les
fois que l'occasion s'en présentait.

Avec de telles idées une nation devient ingouver-
nable, et marche à une ruine qui serait inévitable, si
une catastrophe violente ou un grand homme ne
venaient retremper l'ordre social, en le posant sur de
meilleures bases ; les sanglantes leçons de l'expérience
sont le seul remède à un mal aussi profondément
enraciné.

Frappé de ces inconvénients, Napoléon s'était convaincu que pour bien gouverner avec de pareils éléments, il n'y avait pas d'institution qui pût donner
trop de force à l'administration publique, et il faut
reconnaître, à sa gloire, que tout ce qu'il a pu faire
dans un sens contraire lui fut imposé par les circonstances. On doit reconnaître aussi qu'il rendit toujours justice à ces hommes estimables, purs de tout
sentiment d'ambition personnelle, qui ont professé de
bonne foi ces doctrines exagérées de liberté, tels que
Lanjuinais, Benjamin Constant, Lafayette, etc., etc.

En leur qualité d'hommes privés ou de philosophes,
il leur eût peut-être décerné des couronnes civiques;
mais comme hommes politiques et fabricants d'institutions fondamentales, ils ne furent, à ses yeux, que
des apôtres de théories creuses, et plus funestes
qu'utiles; car, en substituant sans cesse les déclamations et les phrases à la place du véritable génie et de
l'art de gouverner, elles mettront toujours une nation
à la merci des plus hardis et des plus rusés rhéteurs,
et amèneront des conflits éternels entre le pouvoir
exécutif et tout ce qui se trouve en dehors de ce pouvoir tant envié.

Sans doute, ce que l'on nomme les libertés publiques, le gouvernement constitutionnel, l'équilibre des trois pouvoirs, sont de fort belles choses,
des théories séduisantes, très-bonnes peut-être avec
le contre-poids d'une puissante aristocratie (1). Je
pense même qu'elles pourraient convenir avec la
démocratie absolue chez une nation neuve et isolée,
comme les États-Unis d'Amérique, au milieu d'un
vaste continent, où elle n'aurait pour voisins que des
peuplades de sauvages sans puissance comme sans
ambition, parce que, dans ce cas, les orages intérieurs
seraient sans danger pour la puissance politique du
pays; mais, avec une nation entourée de voisins formidables et jaloux, avec une nation dont le vieux

---

(1) Si, par libertés publiques, on entend la liberté individuelle,
l'égalité devant la loi, et le concours de la nation à la confection
des lois dans une mesure rationnelle, rien n'est plus désirable
sans doute. On peut même y ajouter la liberté de la presse, con-
tenue dans de justes limites. Tout ce qui est au delà mène à la
licence et à l'anarchie.

corps social se compose d'antique noblesse féodale, de nouvelle noblesse guerrière, de tiers état orgueilleux et remuant, de têtes inflammables, il en est tout autrement, ou bien il faudrait du moins asseoir les institutions sur des bases plus solides que nos chartes modernes ne l'ont fait.

Difficultés d'un équilibre dans les trois pouvoirs.

Jusque-là, il sera permis de croire avec Napoléon, qu'en définitive l'institution de trois pouvoirs équilibrés n'a guère été qu'une belle fiction, dont l'application ne répond point à la séduisante théorie. Pour qu'elle fût aussi merveilleuse qu'on le pense, il faudrait que cette trinité politique pût avoir l'unité de foi et d'action de la trinité religieuse ; car, quoi qu'on dise et qu'on fasse, un gouvernement ne saurait jamais avoir qu'*une action une et indivisible*. Soit qu'il représente la nation envers l'étranger, soit qu'il distribue la justice chez lui, ou qu'il organise et dispose des forces de terre et de mer, qui sont les symboles de la puissance nationale, son système et sa marche doivent être uniformes ; il ne saurait y en avoir deux dans un État. Or, si vous établissez trois pouvoirs indépendants, toujours un peu jaloux de leur influence et de leur autorité, quels moyens aurez-vous d'établir cette unité indispensable à la direction des grandes affaires du pays ? Toutes les assemblées du monde, lorsqu'on les décorera à tort ou à raison du titre de représentants de la nation (1), seront tracas-

(1) Les chambres électives sont loin d'être toujours la repre-

sières et envahissantes de leur nature, surtout si elles
ont l'initiative des lois ; car, avec cette initiative, elles
pourront mener le vaisseau de l'État si elles le veulent, et elles le voudront toutes les fois qu'elles le
pourront. Le mal serait sans danger s'il était possible
qu'une assemblée, composée de petites spécialités, *se
réunissant de loin en loin*, fût apte à régir par
elle-même une grande nation ; mais comme l'impossibilité en est reconnue, il résulte forcément de là,
qu'en accordant l'initiative à cette assemblée, vous
lui donnez tous les moyens de brouiller l'administration et de la rendre impossible, sans lui donner les
moyens de gouverner elle-même.

De cet état de choses, il ne peut surgir que des
tiraillements sans fin, un malaise inouï dans la direction des affaires, et l'impossibilité pour le gouvernement d'asseoir un système ferme de politique extérieure, celle qui est toujours la plus décisive pour le
maintien de la grandeur des États. A cette impossibilité, se joindra l'impossibilité d'asseoir un bon
système d'organisation militaire, de rien préparer à
l'avance pour des cas éventuels qui menaceraient les
intérêts futurs les plus importants pour le pays.

Ce froissement perpétuel entre le gouvernement et
les chambres électives, dénuées de contre-poids aristocratique, ne sera pas seulement difficile à éviter ou
à modifier, il aura encore pour résultat une mobilité
effrayante dans le personnel des ministres ; mobilité

---

sentation fidèle des intérêts et des vœux d'un pays ; elles n'en représentent souvent qu'une mince fraction, et la fraction peut-être
la plus égoïste et la moins nationale.

non moins nuisible à un État que l'invasion la plus
menaçante, en ce qu'elle ne produit que des magistra-
turès fantasmagoriques, auxquelles on pourrait appliquer les fameux vers de Corneille (tragédie de *Cinna*):

> Ces petits souverains qu'on fait pour une année,
> Voyant d'un temps si court leur puissance bornée,
> Des plus heureux desseins font avorter le fruit,
> De peur de le laisser à celui qui les suit :
> Comme ils ont peu de part aux biens dont ils ordonnent,
> Dans le champ du public largement ils moissonnent,
> Assurés que chacun leur pardonne aisément,
> Espérant à son tour un pareil traitement.

Quel pays, en effet, pourrait prospérer au dedans
et au dehors avec des apprentis ministres, qui se suc-
cèdent tous les six mois, et qui sont chassés avant
même d'avoir fini leur noviciat?

De quelque génie qu'un homme soit doué, encore
lui faut-il le temps d'apprendre les affaires de son
département, de méditer les systèmes qui pourraient
en améliorer la marche ; et, en politique extérieure
surtout, quelle confiance peut-on inspirer à ses voisins,
à ses alliés naturels, avec une instabilité semblable?
Passe encore si on dotait chaque ministère d'un sous-
secrétaire d'État permanent, qui conserverait du moins
la tradition de tout ce qui serait bon et utile au département; mais loin de recourir à ce sage moyen, les
novateurs se sont empressés de supprimer une partie
de ceux qui existaient.

Un tel état de choses, déplorable sous un roi habile,
deviendrait mortel sous un prince faible, ou durant
une minorité.

On dira que le mauvais vouloir de l'un des trois pouvoirs pourra être balancé par la volonté réunie des deux autres ; cela serait vrai, si on avait du moins la pensée d'établir, dans la loi fondamentale, que la réunion de deux de ces pouvoirs, constatée à deux reprises et dans deux sessions différentes, suffirait pour sanctionner une loi, ou un acte quelconque, sans tenir compte de l'opposition du troisième ; mais on ne l'a jamais fait, et c'est peut-être à tort ; car, dès que vous voulez un équilibre entre trois autorités, il faut bien admettre que deux de ces autorités représenteront la majorité, et qu'il est absurde de vouloir que l'une seule des autorités puisse annihiler ce que voudraient les deux autres : dans ce cas, ce serait la minorité qui ferait la loi.

On répondra que la charte y pourvoit en donnant à la royauté le droit de dissolution, et celui de nommer de nouveaux pairs, de même qu'en donnant aux chambres le droit de rejeter des lois proposées et de refuser l'impôt. Ces moyens sont à la fois des remèdes violents et inefficaces : pour que la dissolution des chambres électives fût bonne à quelque chose, il faudrait admettre que tous les électeurs fussent des hommes politiques consommés et capables de prononcer sur le différend qui aurait amené la dissolution. Or, de pareils électeurs n'existeront jamais.

En effet, s'il est vrai que cette mesure soit souvent le fruit de misérables intrigues personnelles et d'un déplorable esprit de coterie, sur le mérite desquels un électeur se trouverait fort embarrassé d'asseoir un jugement quelconque, comment pourrait-on s'en promettre un heureux résultat ? Comment une nouvelle élection condamnerait-elle une intrigue dont la trame serait ourdie par ceux mêmes qui se déclarent les directeurs de l'opinion publique?

Prenons même les choses en véritables optimistes, et supposons, comme cela devrait être, que la dissolution ne fût jamais que le résultat d'une lutte grave entre deux systèmes de politique fortement opposés l'un à l'autre, et non celui d'ambitions personnelles. Dans ce cas, n'est-il pas évident que les électeurs seraient inhabiles à décider lequel des deux systèmes conviendrait vraiment le plus au pays? Non-seulement dans la politique intérieure, mais plus encore dans la politique extérieure, il se présente des questions qui, bien qu'enveloppées d'apparences séduisantes, contiennent des éléments de vie et de mort pour la puissance d'un État. Ces questions seront-elles décidées sagement par les patentés et les petits propriétaires fonciers, quand les capacités les plus notables de la nation auront été elles-mêmes embarrassées et divisées sur le système à suivre? Et puis, ne sait-on pas comment les électeurs choisissent leurs députés de localités, qui représentent peut-être fort bien leur arrondissement, mais entendent souvent fort mal l'intérêt général de la France? Ne sait-on pas combien l'intrigue et la camaraderie ont de part à ces choix? Ignore-t-on l'influence qu'exercent aussi les journaux de la capitale, et l'esprit dans lequel ceux-ci sont rédigés, quelle est leur candeur, leur impartialité, leur sagesse, la profondeur de leurs vues, leur prétendu patriotisme? Avec de tels éléments, quel pourra être le résultat d'une dissolution? Osera-t-on dire que la réélection présentera le vœu réel de la France, lorsque

vingt ou trente voix, qui seraient peut-être les plus
médiocres du pays, arrachées par l'intrigue et l'esprit
de parti, auront été acquises à l'opposition, et assu-
reront son triomphe? N'est-il pas effrayant de penser
qu'à l'aide d'une telle majorité factice, quelques
ambitieux imprudents et sans profondes vues pourront assurer l'adoption d'un principe anarchique et
destructeur de toute la grandeur nationale; d'un
principe qui, non-seulement troublera l'État au dedans,
mais qui lui enlèvera les moyens de faire une guerre
à la fois utile et d'un résultat presque certain, pour
le lancer plus tard dans des luttes folles et désespé-
rées, à l'effet de soutenir des utopies et de flatter les
passions populaires? Singulier équilibre que celui qui
donnera à vingt députés le pouvoir d'annuler un bon
système adopté par le roi, les ministres, la chambre
des pairs, le conseil d'État, et même la moitié de la
chambre élective, moins ces vingt voix! Et on appel-
lera de telles institutions la perfectibilité de l'esprit
humain, le chef-d'œuvre du siècle des progrès!

La nomination de nouveaux pairs concédée à la
royauté n'a peut-être pas les mêmes inconvénients
que la dissolution, mais elle en a d'autres : faite en
petit nombre, elle ne changerait pas l'esprit de la
chambre; et faite inconsidérément et en grand nombre, elle avilit cette précieuse institution, seule barrière contre les niveleurs démagogiques. Un gouvernement sage ne devrait recourir à de telles mesures
que quand le vaisseau de l'État serait en danger im-
minent, et non pour maintenir un ministère.

On voit ainsi que le système trinitaire, dans son
état actuel, offre plus de chances de déchirements

que de moyens efficaces pour assurer un équilibre utile et avantageux; puisque la royauté, frappant sur les chambres électives, frappe à faux, et qu'il ne lui en reste ordinairement que des blessures.

Quant aux moyens que la chambre élective aurait de combattre un projet ou un système approuvé par la royauté et les pairs, ils sont pires encore, car le refus de quelques lois de détail serait insignifiant si les ministres n'en faisaient pas des questions d'existence; il n'y aurait alors que le refus du budget qui pût les renverser. Ici se présente la plus grave des questions constitutionnelles. A quel point une assemblée qui serait de fait en minorité, dans la trinité gouvernementale, peut-elle avoir le droit de désorganiser l'État de fond en comble, en refusant la levée des impôts nécessaires pour solder les armées et les flottes, assurer le payement des magistrats et de la dette publique? Et cela pour assouvir peut-être une misérable rancune de coterie, une rancune dont la source viendrait précisément de ce que le monarque ou le ministère aurait une capacité transcendante dont les orgueilleuses médiocrités seraient jalouses (1). Non, une telle charte n'est point une perfection; car elle donne toute la puissance du mal, sans donner à une mesure égale la puissance du bien.

Je ne prétends pas déduire de là que toute charte

_____

(1) Si un refus de budget était voté par une majorité de vingt voix, il en résulterait que ces vingt députés auraient eu un pouvoir supérieur à celui du roi, des pairs, des ministres et des deux cents députés qui auraient voté avec le gouvernement.

Ces vingt hommes se proclameraient la voix de la France, et désorganiseraient le pays par amour-propre ou ambition !

constitutionnelle soit une déception, et que tout gouvernement avec des chambres soit impossible ; je veux dire seulement que les combinaisons adoptées jusqu'à ce jour n'ont pas rempli le but qu'on s'était flatté d'atteindre, et que pour y arriver il faudra avoir recours à d'autres errements.

La proposition est simple : pour qu'un gouvernement représentatif soit bon et puisse marcher avec succès, il faut que la constitution soit bonne : lorsque les institutions sont faussées, le gouvernement représentatif est le plus déplorable de tous ; or, pour bien fonder une monarchie constitutionnelle et faire une bonne charte il faut avant tout bien poser les grandes vérités fondamentales sur lesquelles elle doit reposer, savoir :

1° Que les masses populaires sont par leur nature appelées à être dirigées et non à diriger ; que c'est donc aux classes moyennes à représenter les intérêts démocratiques du pays, et à le faire d'une manière juste et équitable ;

2° Que la chambre des pairs doit représenter les notabilités nationales de toute espèce qui peuvent exister dans le pays, et les intérêts qui se rattachent à ces notabilités ;

3° Que le pouvoir exécutif, c'est-à-dire le trône, représente la nation et tous ses intérêts envers les puissances étrangères ; comme il représente aussi les intérêts de toutes les classes de citoyens les unes envers les autres, puisqu'il est dans sa nature comme dans son devoir de concilier les intérêts de tous, et qu'il ne saurait vouloir le bien des uns au détriment des autres, excepté un très-petit nombre de cas où

8

l'intérêt général du pays réclamerait impérieusement cette exception ;

4° Que la chambre élective démocratique ne représentant pas toute la nation, mais seulement une partie des classes moyennes, elle ne saurait dans aucun cas s'arroger la souveraineté sans commettre une insigne et criminelle usurpation.

Ce sont de grandes et incontestables vérités, bien que de tristes préjugés, de mauvaises passions, et parfois de mauvais gouvernements, semblent leur avoir donné quelques démentis.

Quand vous serez bien pénétrés de ces vérités, qui n'en seraient pas moins réelles pour être méconnues par la génération actuelle, alors vous pourrez peut-être faire de bonnes institutions ; mais tant que vous proclamerez des souverainetés populaires, des souverainetés d'une chambre élective ; tant que vous professerez hautement des dogmes tendant à traiter comme ennemi ce pouvoir exécutif destiné à concilier, à défendre, et à réunir en faisceau ces intérêts de vos différentes classes et de vos différentes localités ; enfin, tant que vos lois et vos discours tendront à avilir et annuler ce pouvoir, qui est le véritable garant de la grandeur nationale, alors essayez mille théories, bâtissez mille chartes : elles seront toujours des œuvres de déception sans consistance et fatales au pays.

Si une chambre élective purement démocratique, sans aucun contre-poids aristocratique et se réunissant quelques mois seulement de l'année, veut mener l'État, l'anarchie sera inévitable ; car pour que les rouages du gouvernement aient l'action nécessaire,

il est indispensable que la chambre élective soit un
instrument et non un obstacle. En un mot, il faut
que dans une monarchie le roi soit roi, et les députés ses meilleurs conseillers..... Si vous tenez à être
gouvernés par des chambres *ou par une chambre,*
alors ayez un sénat à vie qui se recrute par ses
propres choix, et non par des élections départemen-
tales, un sénat aristocratique comme celui de Rome
et de Berne; autrement, tout ce que vous ferez ne
durera pas, et l'État, devenu la proie de l'intrigue,
tombera dans le marasme ou dans des révolutions
sans fin.

De tout ce qui précède on peut conclure, selon
moi :

1° Que si l'équilibre des pouvoirs constitutionnels
est le but le plus important et le plus désirable auquel une charte fondamentale puisse viser, il faut
que cet équilibre soit bien réel et parfaitement pon-
déré, sans cela tout l'édifice gouvernemental se trouvera faussé et compromis ;

2° Que l'initiative des lois accordée aux chambres
est dangereuse, et qu'il suffit de leur donner la faculté de réclamer du ministère une loi sur un objet
déterminé que celui-ci pourrait avoir perdu de vue ;

3° Que la dissolution *pure* et *simple* de la chambre élective est une œuvre de déception, dont l'intrigue recueillera ordinairement tous les fruits si l'on
fait appel aux mêmes électeurs, ou si la loi n'interdit
pas la réélection des mêmes députés; car pour en
faire un véritable appel à la France, il faudrait ou
nommer d'avance un certain nombre de députés
suppléants, ou exiger l'envoi d'une députation entiè-

rement nouvelle, pour constater l'opinion du corps électoral sur le système qui aurait amené la dissolution (1);

4° Que le budget ordinaire devrait être voté au moins pour trois ou quatre ans, et que les dépenses extraordinaires, ou les surcharges d'impôt, devraient seules être votées annuellement;

5° Enfin, qu'il faudrait trouver le moyen d'empêcher une intrigue de coterie de paralyser deux des pouvoirs et une bonne partie du troisième, sans quoi l'équilibre des pouvoirs et le gouvernement de la majorité seront un double mensonge.

Sans ces précautions, le gouvernement d'une grande nation par des assemblées électives, *réunies temporairement et composées d'éléments purement démocratiques,* sera une tâche aussi pénible que celle de rouler le rocher de Sisyphe. Et si l'on prétendait m'opposer l'exemple des Romains, je répondrai, à ceux qui connaissent si superficiellement les institutions de ce grand peuple, que son gouvernement ne fut point une démocratie élective, et que les sénats aristocratiques nommés à vie, ou patriciens héréditaires, sont les seules assemblées qui aient jamais bien dirigé la politique d'un pays; encore celles dont l'histoire rappelle les souvenirs furent-elles toujours forcées de reconnaître la suprématie d'un pouvoir exécutif, soit sous le nom de

(1) On pourrait désigner d'avance les députés suppléants, de manière à ce que, dans le cas de dissolution, il y eût un vœu nouveau plus généralement constaté. On s'est borné à indiquer ici une lacune dans l'équilibre des pouvoirs, sans prétendre indiquer le moyen de la remplir.

consul, soit sous le titre de doge et de conseil des dix, dont la puissance n'était rien moins que libérale. Ce n'est pas que je donne la préférence aux républiques aristocratiques ou patriciennes, c'est le gouvernement le plus exclusif et le plus tyrannique ; j'en ai déjà dit ma façon de penser dans la *Vie politique et militaire de Napoléon*, où j'ai prouvé *que la monarchie héréditaire, tempérée par de sages lois*, était la forme la plus rationnelle pour un grand État civilisé, *mais non la monarchie avilie et réduite à l'impuissance.*

Inconvénients des assemblées dans les temps de crise.

Je m'aperçois que je me laisse entraîner par mon sujet, et qu'il serait temps de revenir à Napoléon, dont il s'agit d'expliquer les vues, bien plus que les miennes. Quelles que fussent ses maximes sur les inconvénients des assemblées, les circonstances dans lesquelles il allait se trouver étaient encore de nature à doubler ses craintes, et le passage suivant, que nous empruntons à une de ses allocutions, ne laisse pas de doutes sur sa manière de voir à ce sujet :
« En temps de guerre, les assemblées délibérantes,
« si l'on parvient à les électriser, peuvent devenir
« des foyers d'enthousiasme et de dévouement à la
« patrie ; mais elles ont aussi plus d'un côté dange-
« reux. Si la dissidence se met entre elles et le pou-
« voir exécutif, alors plus de gouvernement possible,
« plus de force dans la direction de l'État : il leur
« faut la victoire à tout prix ; car, au moindre revers,
« la terreur s'empare des timides et des modérés,

8.

« qui sont ordinairement le plus grand nombre ; on
« ne trouve pas toujours des assemblées de furieux
« comme la convention, placés par le régicide entre
« la victoire et l'échafaud, et forcés de vaincre ou
« de déployer une énergie affreuse. Ces exemples
« sont exceptionnels. Dans les circonstances ordi-
« naires, et surtout avec des assemblées de proprié-
« taires paisibles, le moindre revers amène la crainte
« des périls pour les timides, le réveil de toutes les
« prétentions pour les ambitieux. Les turbulents,
« avides de bruit, de popularité, de domination,
« s'érigent de leur propre autorité en conseillers du
« prince ; ils prétendent tout savoir et tout décider ;
« si on repousse leurs avis, de conseillers ils devien-
« nent factieux ; puis enfin, après avoir sapé tous les
« éléments de confiance et de force, ils prêchent la
« révolte au nom d'un bien public de leur façon,
« dont la source est tout entière dans leur imagina-
« tion. Alors, il faut que le prince subisse leur joug
« ou qu'il les brise ; et, dans l'un et l'autre cas, il
« est forcé de mettre en péril le gouvernement et
« l'État au moment où il faudrait tripler sa force
« pour résister à l'étranger. »

Napoléon fit donc un grand acte d'abnégation en
se décidant à proclamer l'établissement des deux
chambres à tribune publique ; mais il préférait encore ce parti aux chances d'une seule assemblée constituante qui eût établi des controverses en face de ses
formidables ennemis, et dont le pouvoir à peu près
illimité eût entièrement annulé le sien. D'ailleurs,
en se réservant l'initiative des lois, à l'exemple de
Louis XVIII, il comptait bien maintenir leur action

dans de justes bornes. Telle fut la pensée dominante qui présida à la rédaction de l'acte additionnel.

Objections du conseil contre le projet d'acte additionnel.

Benjamin Constant s'était chargé du soin de rédiger les pensées impériales, en les modifiant par quelques-unes des siennes; ce travail, soumis au conseil composé des ministres et du conseil d'État, ne manqua pas d'y trouver des censeurs ; la plupart des membres eussent préféré une constitution entièrement neuve et délibérée par une assemblée nationale, non-seulement parce qu'on l'avait formellement annoncé dans les décrets de Lyon, mais aussi parce qu'il importait de ne pas s'exposer au même blâme qui avait frappé la charte octroyée.

Fouché lui-même éleva plusieurs autres objections sur le projet débattu. Ce protée politique, toujours prêt à caresser l'opinion qu'il jugeait dominante, voulait donner l'initiative de la loi aux chambres, et faire de Napoléon *un roi veto comme celui de 1791* (1).

Il voulait aussi que les divers statuts de l'empire qui resteraient dans la nouvelle loi fondamentale fussent discutés par les chambres, pour être coordonnés selon leur bon plaisir. Enfin, il demandait

---

(1) On sait que la populace ne donnait plus à Louis XVI d'autre nom que *Monsieur Veto*, parce qu'il n'avait d'autre pouvoir que celui de s'opposer à tout, tandis que le premier attribut de l'administration qui connaît les besoins est de tout préparer, de tout combiner pour le soumettre à l'examen des chambres. C'était renverser l'édifice gouvernemental.

une nouvelle assemblée du Champ de Mai pour l'année suivante, afin que les mêmes députés pussent revenir discuter le pacte proposé et remettre encore une fois le tout en question.

Napoléon persiste à proclamer lui-même l'acte additionnel.

D'après les principes que j'ai exposés à plusieurs reprises, il était difficile que les objections des membres du conseil fussent capables d'ébranler les convictions de l'Empereur; il leur fit au contraire un tableau si éloquent de ses craintes, qu'il parvint à les persuader que la suprême loi du salut public menacé, et la possibilité de modifier plus tard les institutions avec le concours légal des deux chambres, militaient avec force en faveur de son projet.

Il proclama donc, le 22 avril, un acte additionnel aux constitutions de l'empire. Cet acte établissait une chambre des pairs héréditaire, une chambre de députés élective, de six cent vingt-neuf membres; accordait une députation spéciale au commerce et à l'industrie; proclamait la liberté de la presse, la responsabilité des ministres, l'indépendance et l'inamovibilité des juges, les jugements par jurés, même pour les délits de la presse, enfin la liberté individuelle et celle des cultes (1).

Du reste, pour enlever à cet acte le vernis d'illégalité qu'on pourrait alléguer contre lui, il devait

---

(1) Chaque arrondissement avait un député direct, mais en outre les départements avaient aussi leurs députés : ainsi il y avait deux cent trente-huit députés de départements, trois cent

être envoyé aux départements, comme aux armées de terre et de mer, pour être soumis à la sanction d'un vote national, dont le résultat serait proclamé à l'assemblée du Champ de Mai, dont la réunion fut ajournée à cet effet jusqu'au 1er juin.

De telles institutions étaient certes plus que suffisantes pour régir la nation la plus chatouilleuse sur l'article de ses libertés, principalement après les décrets de Lyon qui supprimaient la noblesse féodale et privilégiée. Et, en effet, les libertés étaient si larges que M. de Chateaubriand, par une justesse de jugement qui n'était pas toujours son trait le plus caractéristique, écrivait à ce sujet à Louis XVIII : « Napoléon s'est embarrassé dans ses propres filets ; « l'acte additionnel lui sera fatal ; si cet acte est ob- « servé, il y a dans son ensemble assez de libertés « pour renverser l'usurpateur ! » Et Benjamin Constant s'est vanté lui-même de ce jugement, afin de prouver l'excellence des doctrines que lui et ses amis avaient introduites ! Singulier éloge à faire de ces doctrines, que de prouver qu'elles peuvent détruire l'édifice politique, dont la stabilité et la solidité devraient être leur ouvrage !

Fautes reprochées à cet acte par tous les partis.

Toutefois, bien que ce pacte fût adopté par deux

soixante-huit des arrondissements, et vingt-trois des manufactures et du commerce. On a supprimé, en 1830, les députés de départements pour ne laisser que ceux d'arrondissements, et c'est le plus grand tort que l'on ait eu.

millions de votants, il devint bientôt l'objet de toutes
les critiques ; tous les partis le jugèrent impitoyable-
ment à travers le prisme de leurs passions ou de leurs
intérêts. Les incorrigibles spéculateurs de théories
républicaines reprochaient à Napoléon de n'avoir
pas su se contenter du consulat à vie, et attri-
buaient à un misérable esprit de népotisme la
sage prévoyance qui l'avait décidé à rétablir l'hérédité dans la magistrature suprême, comme étant
la seule sauvegarde de l'existence des grandes nations.

D'autres idéologues, moins fous néanmoins que
les républicains, voulaient accorder l'initiative des
lois aux chambres, dogme incompatible avec l'intérêt de l'État et avec la fonction régulière des rouages du gouvernement.

Les démagogues voulaient le régime du Forum ou
des sociétés populaires. Les royalistes furent mécon-
tents de l'abolition des distinctions féodales; les niveleurs le furent aussi de ce qu'on avait maintenu les
titres donnés sous l'empire pour récompenser des
services signalés, et plus encore de ce que l'on conservait une chambre des pairs héréditaire, qui blessait leur orgueil ou leurs vaniteuses prétentions, et
dont Napoléon voulait le maintien, précisément dans
l'espoir d'amener, avec le temps, une aristocratie non
féodale, mais assez puissante pour servir d'équilibre
contre la royauté d'un côté, et contre la multitude
de l'autre.

Enfin, une dernière classe d'adversaires de l'acte
additionnel, sans en blâmer le fond, le présentait
comme une faute capitale, un acte de déception d'au-

tant plus déplorable qu'il blesserait tous les électeurs
de la nation et les députés des armées de terre et
de mer, convoqués à Paris pour procéder, par des
délégués, à ces mêmes changements dont l'Empereur
prenait seul l'initiative. Ils prétendaient surtout que
le temps n'était pas opportun pour une telle mesure,
lors même que les institutions promulguées eussent
été indispensables pour conserver au trône la force
qui en fait l'éclat autant que la garantie, ou pour
donner à l'État le nerf sans lequel il ne saurait marcher à de hautes destinées. Mais aucun de ces critiques ne voulait faire la part des circonstances impé-
rieuses dans lesquelles la France allait être jetée par
suite de la ligue générale qui la menaçait, et loin
d'avoir été intempestif, cet acte était précisément
justifié par la nécessité des temps.

Intrigues de Fouché.

Fouché lui-même ne lui épargna pas son blâme :
avide de pouvoir et d'influence, il était excité d'un
côté par ce qui lui restait de ses doctrines révolutionnaires, de l'autre par l'envie de mettre des bornes au
pouvoir impérial, soit pour rendre le sien plus nécessaire, soit pour empêcher l'Empereur de le renvoyer
dans une sorte d'exil, comme en 1810, aussitôt qu'il
pourrait se passer de lui. A la nouvelle des déclarations du 13 mars, il jugea, selon toute apparence, que
le nouveau trône n'était rien moins que solide, et avec
sa ruse habituelle, il se mit en mesure d'intriguer à
Vienne pour se ménager un raccommodement avec
les alliés, et pour se rendre utile au gouvernement

qui succéderait, si Napoléon venait à succomber (1).

Les services que ce ministre de la police avait rendus à M. de Metternich en 1809 lui facilitèrent l'établissement de ces rapports clandestins, dont il était trop rusé pour faire un mystère, bien décidé qu'il était d'ailleurs à donner à ces rapports la tournure qui répondrait le mieux à ses vues. Or, ces vues consistaient ou à brider l'autorité de l'Empereur par des assemblées puissantes que lui et ses amis influenceraient, ou à remplacer même son gouvernement par celui de son fils, dont il dirigerait la régence; enfin, au pis aller, il se flattait de devenir l'instru-

(1) Il y a à ce sujet différentes versions. Les *Mémoires du général Lamarque* et l'*Histoire de la restauration* par C*** ont accusé formellement Fouché d'avoir trahi Napoléon... Lucien Bonaparte cherche à le justifier, du moins quant à ses rapports avec l'Autriche. Il paraît constant que les déclarations du congrès de Vienne ébranlèrent fortement Fouché, et qu'il comprit dès lors que le pouvoir de l'Empereur était chancelant ; il jugea, ou qu'il serait forcé de recourir aux propagandes révolutionnaires de 1793, ou qu'il tomberait. Jaloux d'acquérir assez d'influence sur l'avenir de la France pour éviter le retour des Bourbons, ou du moins pour se rendre nécessaire à une seconde restauration conditionnelle, il ne fut plus un ministre dévoué, et, tout en rendant compte à Napoléon de ses rapports avec Metternich, il put bien leur donner une allure clandestine propre à servir éventuellement à d'autres fins.

L'acte additionnel lui déplut d'autant mieux que Napoléon ne tint point compte de ses objections; dès lors tout porte à croire qu'il le servit froidement, et on assure même qu'il correspondait avec Wellington avant la bataille de Waterloo. Du moins est-il certain qu'aussitôt après cette bataille il se mit en mesure de se défaire de Napoléon, sinon par un attentat, du moins par une abdication forcée, et même par un exil concerté avec les alliés.

ment et l'arbitre d'une seconde restauration. Napoléon était à la veille de découvrir ces trames, lorsque
Fouché lui soumit adroitement les communications
qu'il venait de recevoir des alliés par l'entremise du
ministre autrichien, et la réponse qu'il comptait y
faire.

Propositions singulières des alliés.

Les souverains, ébranlés peut-être par l'étonnant
succès de la nouvelle révolution qui venait de s'opérer, et par les préparatifs ordonnés pour armer la
nation, avaient sans doute jugé à propos de séparer
la cause de Napoléon de celle de la France, afin d'établir la division entre la nation et ses partisans, ou
d'obtenir même sa retraite volontaire, en lui laissant
entrevoir la possibilité de placer son fils sur le trône
avec une régence. Ils déclaraient donc qu'ils ne voulaient point s'immiscer dans les affaires intérieures de
la France, pourvu qu'elle se donnât un autre chef.
On laissait à la nation le choix de la forme de son
gouvernement, même la république; mais on ne voulait à aucun prix de l'Empereur. Soit qu'il eût provo-
qué ce message par de premières ouvertures, soit que
M. de Metternich en eût lui-même pris l'initiative,
Fouché n'eût pas osé cacher un pareil incident. Il
savait que pour calmer Napoléon, il lui était facile
de faire une réponse ostensible, tout en se ména-
geant, par des voies détournées, le moyen d'entrer
dans d'autres combinaisons.

9

Réponse de Fouché, exposant l'état de la France.

Cette réponse ostensible, qu'il fit le 8 mai, ne pouvait être douteuse. « S'attachant à passer en revue
« tous les partis auxquels le pays pouvait s'arrêter,
« Fouché chercha à démontrer que le maintien de
« l'Empereur était celui qui offrait le plus de sécurité
« à l'Europe. La restauration de Louis XVIII humi-
« lierait la France et ne se maintiendrait jamais,
« même par les baïonnettes étrangères. Son rempla-
« cement par la branche cadette ne présentait guère
« plus de stabilité, car le duc d'Orléans aurait tou-
« jours contre lui les royalistes, les républicains, et
« le parti plus redoutable alors des bonapartistes (1).
« Ce prince, n'offrant de garantie qu'aux doctrinaires
« de la révolution, serait forcé de subir leurs lois,
« qui amèneraient insensiblement l'anarchie, la con-
« fusion, et finalement une nouvelle révolution. La
« régence de Marie-Louise avec Napoléon II aurait
« l'inconvénient d'être influencée par Napoléon dans
« la haute politique extérieure, sans avoir ces élé-
« ments de force intérieure que son nom seul aurait
« assurés contre le parti démagogique. Le maintien
« de son autorité, tempérée par des constitutions
« qui empêcheraient les guerres d'ambition et ces
« levées gigantesques d'hommes qui l'avaient rendu
« si redoutable à ses voisins, était donc le seul moyen

(1) Il ne faut pas oublier que Fouché écrivait cela en 1815,
Napoléon étant non-seulement plein de vie, mais encore au pouvoir.

« d'assurer à l'Europe le repos dont elle avait tant
« besoin. »

Du reste, Fouché relevait avec raison ce qu'il y
avait d'insolite dans la manière de proclamer l'intention de ne pas dicter des lois à la France, tout en lui
imposant l'exclusion formelle du chef qu'elle voulait
se donner; il démontrait que l'indépendance d'une
grande nation était une et indivisible, qu'elle existait
absolue et intacte, ou qu'elle n'existait pas du tout;
en un mot, qu'il n'y avait pas plus de honte à se laisser imposer un gouvernement qu'à se laisser interdire
le choix auquel on s'était arrêté.

Il ne reste d'autre parti que la guerre.

En effet, la publication toute récente de l'acte additionnel ne permettait pas plus à la France qu'à Napoléon de répondre différemment à la démarche du
cabinet de Vienne et des alliés; si cette démarche eût
été faite à la place et à l'époque de la fameuse déclaration du 13 mars, l'Empereur se fût peut-être décidé, en faveur de son fils et de la France, au sacrifice
que les souverains réclamaient; il aurait pu se donner
l'apparence de l'initiative volontaire et spontanée d'un
acte généreux (1); mais après cette déclaration solennelle et après l'acte additionnel, il ne lui restait qu'à
régner et à combattre, ou à fuir lâchement. Con-

---

(1) Ce sacrifice n'était guère dans son caractère, et nous dou-
tons qu'il s'y fût soumis; mais enfin c'eût été dans les choses fai-
sables avant la déclaration. Mais au mois de mai, après l'acte additionnel, c'était impossible.

vaincu que l'honneur national était étroitement lié au sien, il redoubla ses préparatifs pour soutenir la guerre à mort qu'on voulait lui faire, et tous ses efforts se portèrent vers le moyen d'exciter le même dévouement et la même énergie parmi les nouvelles autorités qui allaient partager avec lui le fardeau du gouvernement, et parmi les députés du Champ de Mai, convoqués pour la fin de ce mois : bien persuadé que, s'il trouvait cet appui, les légions de l'Europe viendraient se briser contre la France.

Il faut le dire, la nation était trop divisée d'opinions pour que Napoléon pût la rallier entièrement à lui : elle se divisait en quatre partis d'une force bien différente :

1° Les partisans de la royauté déchue, qui étaient encore nombreux et comptaient dans leurs rangs la plupart des doctrinaires constitutionnels;

2° Les révolutionnaires, encore plus redoutables par leur audace et leurs passions que par leur nombre;

3° Les impérialistes ou bonapartistes, qui comptaient tous ceux qui avaient porté les armes ou occupé des places depuis vingt ans;

4° Les indifférents, qui ne demandaient que la paix et formaient la grande masse des classes moyennes; c'était la partie la plus considérable de la nation.

La facilité du triomphe de Napoléon provenait de ce que les trois dernières classes s'étaient prononcées en sa faveur; mais les masses n'agissent que par passion ou par intérêt : dès qu'il fut évident que le fait seul de sa présence amenait la guerre générale, la classe nombreuse des indifférents se leva contre lui, en même temps que ses actes politiques refroidirent le parti énergique de la révolution ; dès lors, les chances ne furent plus les mêmes. Il fit tout ce qui était en son pouvoir dans la position où le sort l'avait placé : convaincu que ce n'étaient ni les Cincinnatus; ni les Washingtons qui pouvaient conduire la France, et bien décidé à reconstituer un gouvernement fort et durable, il mécontenta les ambitieux de tribunes et de clubs, et par eux les masses révolutionnaires. Le parti royaliste se grossit des nombreux partisans de la paix à tout prix, et le sien diminua de jour en jour par des défections.

Il ne restait à l'Empereur d'autre ressource que de persuader aux patriotes et aux autorités que leur cause était inséparable de la sienne. Il pouvait le dire hautement, car si la nation eût pensé le contraire, elle aurait dû rejeter les nouvelles institutions qui lui décernaient l'empire, et traiter ouvertement avec l'Europe pour la reconnaissance de son fils ou pour tout autre gouvernement. Ce fut le but qu'il s'efforça d'atteindre au Champ de Mai. Les actes solennels publiés à cette époque et à l'ouverture des chambres sont effectivement la meilleure réponse que ses partisans puissent faire à ses détracteurs ; et quoique les détails de cette nature n'entrent guère dans le cadre de ce Précis, nous devons en dire quelques mots.

Napoléon explique sa conduite au Champ de Mai.

L'assemblée du Champ de Mai, attendue avec tant d'impatience, avait certainement perdu une partie du charme que les imaginations ardentes lui prêtaient,

9.

depuis que l'acte additionnel avait pourvu d'une manière un peu brusque à l'objet le plus important de cette réunion. Chacun s'attendait jusque-là à une cérémonie semi-mythologique dont le résultat serait un retour de l'âge d'or. La foule pensait sans doute que chacun allait pouvoir fournir son article au pacte fabriqué ainsi en plein air dans ce nouveau Forum.

Les amours-propres déçus se demandaient ce que l'on ferait dans cette assemblée : les uns disaient que l'Empereur présenterait l'Impératrice et son fils comme un gage de sa réconciliation avec l'Europe et de la durée de sa dynastie ; les autres s'attendaient à des merveilles dont leur imagination faisait tous les frais. Enfin le 1er juin tant désiré arriva : la cérémonie eut lieu avec toute la pompe possible au Champ-de-Mars. Napoléon, revêtu du manteau impérial, entouré de ses frères détrônés et du doctrinaire Lucien, des grands fonctionnaires, des maréchaux et de plusieurs prélats, était placé sur un superbe trône élevé près de l'École militaire. Vingt mille électeurs assis sur des bancs construits en amphithéâtre en formaient le premier entourage ; plus loin, on remarquait les députés des armées de terre : enfin, près de 50,000 hommes en grande tenue placés derrière eux, et une population immense de curieux, donnaient un aspect magnifique à cette solennité, qui commença d'abord par un service divin, après lequel M. Dubois d'Angers prononça un beau discours au nom des électeurs de la France, et proclama l'acceptation de l'acte additionnel. Napoléon, ayant répondu à ce discours d'une voix ferme et énergique, prêta le serment

de fidélité à cette charte pour lui et les siens; et
Cambacérès, au nom des électeurs, jura, *au nom
de la France,* fidélité du peuple français à son nouveau gouvernement. Ce serment fut répété spontané-
ment par tous les électeurs et les députés des armées,
auxquels même se joignit une grande partie des spec-
tateurs; puis vint une distribution de drapeaux aux
députations de l'armée, aux troupes présentes et à la
garde nationale.

Quelque imposante que fût cette cérémonie, les
idéologues, les adversaires politiques de Napoléon,
ne voulaient y voir qu'une pompe théâtrale; ils demandaient si c'était donc là ce congrès national annoncé avec tant d'emphase pour donner des lois au
pays, et s'il fallait tout cet appareil amené de si loin,
pour entendre une messe, prononcer un discours,
recevoir un serment et distribuer des drapeaux. On
alla jusqu'à dire que la France, fatiguée de coups de
théâtre, demandait des choses plus sérieuses : tant
l'esprit de dénigrement était devenu à la mode.

Napoléon avait cependant donné dans son allocu-
tion l'explication de sa conduite en ces mots : «Em-
« pereur, consul, soldat, je tiens tout du peuple fran-
« çais. Dans la prospérité, dans l'adversité, sur le
« champ de bataille, au conseil, sur le trône, dans
« l'exil, la France fut l'objet unique et constant de
« mes pensées et de mes actions. Comme ce roi
« d'Athènes (1), je me suis sacrifié à Fontainebleau

_____

(1) Codrus sauva Athènes des Héraclides, non en renonçant à
la couronne, mais en se précipitant déguisé au milieu des ennemis, pour accomplir le sacrifice demandé par un oracle. L'exil à

« pour mon peuple, dans l'espoir de voir réaliser la
« promesse donnée de conserver à la France l'inté-
« grité naturelle de son territoire, son honneur et
« ses droits. L'indignation de voir ces droits sacrés,
« acquis par vingt-cinq années de victoires, mécon-
« nus et perdus à jamais ; le cri de l'honneur français
« flétri ; les vœux de la nation m'ont ramené sur le
« trône, qui m'est cher, parce qu'il est le palladium
« de l'indépendance, de l'honneur et des droits du
« peuple.

« Français ! en traversant au milieu de l'allégresse
« publique les provinces de l'empire, j'avais droit de
« compter sur une longue paix, car les nations sont
« liées par les traités conclus par leurs gouverne-
« ments, quels qu'ils soient. Ma pensée se portait
« alors tout entière sur les moyens de fonder notre
« liberté par une constitution conforme à la volonté
« et à l'intérêt de la nation. A cette fin, j'ai convo-
« qué le Champ de Mai. Cependant, je ne tardai pas
« à apprendre que les rois, si souvent coalisés contre
« nous, voulaient nous faire la guerre : ils méditent
« d'agrandir le royaume des Pays-Bas et de lui don-
« ner pour barrière toutes nos places fortes du
« Nord ; pour concilier les différends qui les di-
« visent encore, ils parlent de se partager la Lor-
« raine et l'Alsace : il a donc fallu se préparer à la
« guerre.

« *Devant courir personnellement les hasards*
« *des combats, ma première sollicitude a dû être*

---

l'île d'Elbe était un sacrifice qui équivalait bien à une mort honorable, mais il ne fut pas volontaire.

« de constituer la nation. Le peuple a accepté
« l'acte que je lui ai présenté.

« Lorsque nous aurons repoussé ces injustes
« agressions, et que l'Europe sera convaincue
« de ce qu'elle doit aux droits de vingt-huit
« millions de Français, alors une loi solen-
« nelle, faite dans les formes voulues par l'acte
« constitutionnel, réunira les différentes dis-
« positions de nos constitutions aujourd'hui
« éparses (1).

« Vous allez retourner dans vos départements ;
« dites aux citoyens que les circonstances sont graves !
« mais qu'avec de l'union, de l'énergie, de la persé-
« vérance, nous sortirons victorieux de cette lutte
« d'un grand peuple. . . . .

« Dites-leur que les rois qui ont brigué mon al-
« liance dirigent aujourd'hui tous leurs coups contre
« ma personne. Si je ne voyais que c'est à la patrie
« qu'ils en veulent, je mettrais à leur merci cette
« existence contre laquelle ils se montrent si achar-
« nés. Mais dites aussi aux Français que tant qu'ils
« me conserveront les sentiments d'amour dont ils

---

(1) Ce discours de Napoléon était sage et noble ; cependant il
déplut, à cause de cette réticence ; il présentait, d'un côté, la
révision de la constitution comme nécessaire, et de l'autre, cette
révision ne serait au fond qu'une réunion des dispositions déjà
existantes, mais éparses en plusieurs actes. Dès lors on ne crut
pas à une conversion sincère de la part de l'Empereur, bien que
son langage fût néanmoins celui d'un homme d'État qui sait
apprécier les bonnes institutions, mais qui sait aussi ce que
commandent les circonstances difficiles où une nation peut se
trouver.

« me donnent tant de preuves, cette haine de nos
« ennemis sera impuissante.

· « Français ! ma volonté est celle de la nation, mes
« droits sont les siens; mon honneur, ma gloire,
« mon bonheur, ne peuvent être que l'honneur, la
« gloire et le bonheur de la France. »

Ce discours, prononcé d'une voix ferme et animée,
excita le plus vif enthousiasme.

Ouverture des chambres.

Peu de jours après, les électeurs reprirent le chemin de leurs départements, après avoir proclamé
l'acceptation de l'acte additionnel et nommé les députés pour la nouvelle assemblée.

Le 7 juin, l'Empereur fit l'ouverture des deux
chambres par le discours suivant :

« Depuis trois mois les circonstances et la con-
« fiance du peuple français m'ont revêtu d'un pouvoir
« illimité. Aujourd'hui s'accomplit le désir le plus
« pressant de mon cœur ; je viens commencer la mo-
« narchie constitutionnelle. Les hommes sont trop
« impuissants pour assurer l'avenir, les institutions
« seules fixent les destinées des nations. La monar-
« chie est nécessaire en France, pour garantir la
« liberté, l'indépendance et les droits du peuple.

« Nos constitutions sont éparses : une de nos plus
« importantes occupations sera de les réunir dans un
« seul cadre, et de les coordonner dans une seule
« pensée. Ce travail recommandera l'époque actuelle
« aux générations futures. J'ambitionne de voir la
« France jouir de toute la liberté possible : je dis

« possible, parce qu'il faut éviter l'anarchie qui ra-
« mène toujours au pouvoir absolu.

  « Une coalition formidable de rois en veut à notre
« indépendance, ses armées arrivent sur nos fron-
« tières. Nos ennemis comptent sur nos divisions
« intestines... Des mesures législatives sont indis-
« pensables pour les prévenir. C'est à vos lumières,
« à votre patriotisme et à votre attachement que je
« me confie sans réserve. La liberté de la presse est
« inhérente à la constitution actuelle, on n'y peut
« rien changer sans altérer tout notre système poli-
« tique ; mais il faut de bonnes lois répressives, sur-
« tout dans l'état actuel de la nation : je recommande
« cet objet important à vos méditations.

  « Le premier des devoirs du prince va m'appeler
« bientôt à la tête des enfants de la France... L'armée
« et moi nous ferons notre devoir. Vous, pairs et re-
« présentants, donnez à la nation l'exemple de la con-
« fiance, de l'énergie et du patriotisme. Semblables
« au sénat du grand peuple de l'antiquité, soyez dé-
« cidés à mourir plutôt que de survivre au déshon-
« neur et à la dégradation de la France : la cause
« sainte de la patrie triomphera. »

Adresses des chambres.

Les chambres votèrent des adresses différentes ;
toutes deux s'appesantirent sur la nécessité de soumettre le pouvoir absolu aux formes et aux règles
constitutionnelles. Elles promettaient d'ailleurs, en
cas de revers, de montrer de la persévérance et de
redoubler d'attachement à la cause impériale qui était

celle de la France. Les pairs assuraient à l'Europe
qu'avec les nouvelles institutions les séductions de la
victoire ne sauraient entraîner le chef de l'État au
delà des bornes de la prudence. C'était une récrimi-
nation sur le passé, à laquelle Napoléon répondit :

« La lutte à laquelle nous sommes engagés est sé-
« rieuse ; l'entraînement de la prospérité n'est pas le
« danger qui nous menace aujourd'hui, c'est sous
« les Fourches Caudines que les étrangers veulent
« nous faire passer. La justice de notre cause, l'es-
« prit public de la nation, et le courage de l'armée,
« sont de puissants motifs pour espérer des succès.
« Mais si nous éprouvions des revers, c'est alors sur-
« tout que j'aimerais à voir déployer toute l'énergie
« de ce grand peuple. C'est alors que je retrouverais
« dans la chambre des pairs, des preuves d'attache-
« ment à la patrie et à son chef. C'est dans les temps
« difficiles que les grandes nations, comme les grands
« hommes, déploient toute l'énergie de leur carac-
« tère, et deviennent un objet d'admiration pour la
« postérité. »

Cette postérité conviendra, en lisant ces paroles,
que l'Empereur n'avait rien négligé de ce qui pouvait
élever la France au niveau des dangers qui la menaçaient, et qu'il avait tout prévu. Sa réponse à la
chambre des députés le prouve encore mieux.

La chambre des députés menace de controverses dogmatiques.

Cette chambre, appuyant sur la promesse de coordonner les lois constitutionnelles, ne dissimulait pas
son impatience de s'élancer sans retard dans cette

glissante arène. « Fidèle à sa mission elle saura rem-
« plir (disait-elle) la tâche qui lui est dévolue dans ce
« noble travail : elle demande que, pour satisfaire à
« la volonté publique, la délibération nationale rec-
« tifie le plus tôt possible ce que l'urgence de notre
« situation a pu produire de défectueux ou laisser d'im-
« parfait dans l'ensemble de nos institutions. *Et tan-*
« *dis que Votre Majesté opposera à la plus injuste*
« *agression l'honneur des armes nationales et la*
« *force de son génie, la chambre des représen-*
« *tants croira marcher vers le même but, en tra-*
« *vaillant sans relâche au pacte dont le perfec-*
« *tionnement doit cimenter encore l'union du*
« *peuple et du trône, et fortifier aux yeux de*
« *l'Europe la garantie de nos engagements par*
« *l'amélioration de nos institutions.* »

C'était annoncer assez clairement le projet de profiter de l'absence de l'Empereur pour établir publi-
quement des controverses constitutionnelles, sans
attendre l'initiative du gouvernement, qui formait
néanmoins la base fondamentale de la législation
existante. C'était se reporter à l'assemblée constituante de 1789, dans des circonstances encore plus
dangereuses ; c'était, en un mot, un acte révolutionnaire, puisque d'un seul trait il changeait la face du
gouvernement.

Ces discours attestent, d'un côté, que l'acte additionnel n'était point à considérer comme le dernier mot de Napoléon ; mais ils prouvaient aussi qu'il
aurait sans doute plus d'un assaut à soutenir contre
ces hommes qui, s'obstinant à ne voir dans le gouvernement que l'ennemi public, rêvent sans cesse aux

moyens d'enchaîner son autorité, de manière à réduire
sa sphère d'action à la plus grande nullité possible ;
contre-sens affreux, qui sera éternellement un indice
certain de la décadence d'un État, ou le signal de
l'anarchie.

Réponse remarquable que Napoléon lui fait.

Bien que Napoléon appréciât ces phrases à leur
juste valeur, il montra de la modération en applau-
dissant aux intentions des doctrinaires, et se bornant
à rappeler leur attention sur le danger des controverses intempestives. Sa réponse doit trouver place
ici, puisqu'elle achève de peindre et sa position et ses
antagonistes. « Dans ces graves circonstances, ma
« pensée est absorbée par la guerre imminente, au
« succès de laquelle sont attachés l'indépendance et
« l'honneur de la France. Je partirai cette nuit pour
« me mettre à la tête de mes armées... Pendant mon
« absence, je verrais avec plaisir qu'une commission
« nommée par chaque chambre méditât mûrement
« sur nos institutions : la constitution est notre point
« de ralliement, elle doit être notre étoile polaire
« dans ces moments d'orage. Mais toute discussion
« publique qui tendrait à diminuer directement ou
« indirectement la confiance qu'on doit avoir dans le
« gouvernement et dans ses dispositions, serait un
« malheur pour l'État : nous nous trouverions au
« milieu des écueils, sans boussole et sans direction.
« La crise où nous sommes est forte ; n'imitons pas
« l'exemple du Bas-Empire qui, pressé de toutes
« parts par les barbares, se rendit la risée de la pos-

« térité , en s'occupant de discussions abstraites au
« moment où le bélier ennemi brisait les portes de la
« capitale. »

Paroles prophétiques, et bien propres à confondre
tous ces déclamateurs qui, méconnaissant les principes de l'Empereur à cette mémorable époque, ont
lancé tant de foudres contre lui.

Napoléon voyait ainsi avec douleur que les mesures
auxquelles il avait été en quelque sorte forcé de recourir pour satisfaire à l'opinion publique, allaient produire un effet déplorable; elles mirent bientôt les
phrases à la place des choses, les discussions orageuses à la place d'une administration calme et forte,
enfin elles amenèrent plus tard la division dans l'Etat,
par l'autorité que les chambres s'arrogèrent. Chacun
s'apercevait déjà que les concessions, quelque éten-
dues qu'elles fussent, trouvaient encore des détracteurs. Au moment où l'on aurait dû ajourner la
liberté de la presse, jusqu'à ce que la patrie fût hors
de danger, l'Empereur était réduit à solliciter des
lois répressives, pour en atténuer les abus, et cette
démarche même était présentée comme une tendance
au despotisme. Des pamphlets de toutes les couleurs,
rédigés les uns par des démagogues, les autres par
des émigrés, attaquaient toutes les mesures du gouvernement, et portaient atteinte à la confiance dont il
aurait fallu plus que jamais l'entourer. La licence fut
poussée à un tel excès, que des feuilles qui prêchaient
l'attentat et qui promettaient l'apothéose à ceux qui
délivreraient par quelque moyen que ce fût la France
du joug de Napoléon, ne trouvaient pas de jurés pour
les condamner.

Excitation patriotique à l'intérieur.

A peine était-il assis sur le trône qu'on le forçait
déjà à regretter de n'avoir pas simplement saisi un
pouvoir discrétionnaire, en se proclamant dictateur
de l'empire français, et en ajournant jusqu'à la paix
toutes les lois organiques, ainsi que la nouvelle inves-
titure du titre impérial.

Toutefois, si ses concessions, loin de satisfaire les
factions, leur donnèrent plus d'importance, il faut
convenir aussi que l'élan imprimé par ses promesses
au parti de la révolution ne fut pas sans avantages;
car, outre les gardes nationales, dont il facilita la levée,
il donna les moyens d'armer le peuple des principales
villes. Celui de Paris seul forma une vingtaine de
bataillons de tirailleurs fédérés, troupe peu redoutable sans doute en rase campagne, mais qui dispen-
sait de tenir des garnisons, pouvait au besoin servir
de levier au gouvernement pour l'exécution des
grandes mesures nationales, et concourir enfin à la
défense des cités. — Fouché et Carnot, qui dirigeaient
de concert toutes les affaires de l'intérieur, mettaient,
avec un but peut-être différent, une grande ardeur à
l'organisation de ces fédérations patriotiques; tous
deux y voyaient un moyen de balancer l'influence de
l'armée, et par conséquent l'autorité de son chef.
Pouvant disposer de toutes les forces intérieures, ils
seraient plus puissants que lui, durant la guerre, et
ne le craindraient plus après la paix. Le premier surtout, qui avait plus d'adresse et d'étendue dans l'esprit, voyait dans ces éléments un moyen de se débar-

rasser de l'Empereur sans reprendre les Bourbons, pour peu que le succès de la lutte avec l'Europe devînt douteux.

Napoléon était trop clairvoyant et trop défiant pour méconnaître ces projets; mais il devait se résigner jusqu'à de meilleures circonstances.

Armement.

Pendant que ces soins de politique intérieure occupaient tristement ses pensées, il avait redoublé d'ardeur pour les préparatifs militaires, afin de se mettre en état de résister à l'Europe entière, si la nation, appréciant avec gravité sa position, voulait tout faire pour le maintien de son indépendance. Les ateliers d'armes, abandonnés sous ses prédécesseurs, reprirent une telle activité, que l'on parvint à faire fabriquer quatre mille fusils par jour; les gardes nationales mobiles s'organisaient sur toute la surface de l'empire, en même temps que la conscription se levait. J'ai déjà dit que l'armée de ligne avait été doublée en deux mois (du 1er avril au 1er juin), et qu'un vaste système de défense permettrait de lever jusqu'à 700,000 hommes pour le 1er septembre.

Préparatifs des alliés.

Le problème de l'indépendance française tenait donc à la possibilité d'éloigner les hostilités jusqu'au commencement d'août. Loin de lui laisser ce temps, les alliés, instruits par ses exemples, accouraient en poste vers le Rhin et la Meuse. Les Anglais et les

10.

Prussiens mirent une activité inouïe dans leurs préparatifs, et les Russes arrivèrent, en deux mois, du
fond de la Pologne sur les bords du Rhin.

Les alliés, qui se disputaient la Saxe et Cracovie,
étaient restés en armes et au complet de guerre; ils
avaient mèche allumée, et il ne fallut que vingt minutes
et quatre ordres de marche expédiés de Vienne le
même jour pour mettre toute l'Europe en mouvement.

La France était loin de cette attitude formidable
que l'Europe avait conservée; on avait tout laissé à
l'abandon; à l'arrivée de Napoléon elle manquait de
soldats et d'armes. On a voulu établir un parallèle
entre ses efforts de 1793 et ceux de 1815 : en moins
de temps Napoléon aurait fait autant que le comité de
salut public, sans recourir à l'armée révolutionnaire
ni aux douze guillotines qui la suivaient : mais les
coalisés de 1815 ont agi bien autrement que ceux de
la première invasion; ils n'ont pas passé trois mois à
assiéger Valenciennes, comme Mack et Cobourg; les
temps étaient bien changés. La mer était couverte
de convois anglais amenant des troupes, des équipages
de siége. Les richesses de l'Indostan, secondées par
les progrès de l'industrie, avaient transformé l'Angleterre en un immense arsenal, qui forgeait avec une
redoutable activité l'artillerie, les munitions et les
trains nécessaires aux armées de la coalition. Rien,
aux époques plus reculées, ne ressemble à cela.

Dès la fin de mai, Wellington et Blücher réunis-
saient 220,000 Anglais, Prussiens, Belges, Hanovriens et Brunswickois, entre Liége et Courtray. Les
Bavarois, les Wurtembergeois et les Badois se rassemblaient dans la forêt Noire et le Palatinat. Les

Autrichiens hâtaient le pas pour les joindre ; leur armée d'Italie se réunissait aux Sardes sur les Alpes. Les Russes forçaient de marche, et traversaient déjà la Franconie et la Saxe. Un million d'hommes enfin s'apprêtait à fondre sur la France ; on eût dit que la coalition avait le secret de Cadmus pour faire sortir des soldats des entrailles de la terre.

Travaux de défense à Paris et à Lyon.

Quelque activité que l'on mît à réorganiser l'armée et la défense des frontières, Napoléon devait craindre que les armées de l'Europe ne fussent beaucoup plus nombreuses que les siennes, si les hostilités commençaient avant le mois d'août ; c'eût été alors sous Paris et sous Lyon que se seraient décidés les destins de l'empire.

Plus d'une fois il avait eu l'idée de fortifier les hauteurs de Paris : la crainte de jeter l'alarme dans le pays et les événements qui se pressaient l'en empêchèrent. Il y avait deux moyens de le faire : le premier, en construisant sept ou huit grands forts sur les points capitaux de cette enceinte ; si ces forts n'empêchaient pas absolument de pénétrer jusqu'aux murailles, et même d'en forcer l'entrée pour occuper la ville, il faudrait une armée bien considérable pour tenter l'aventure, pour peu qu'il existât encore un noyau d'armée française qui pût venir prendre part à la défense. Outre cela, en dominant la navigation de la Seine, et battant les avenues principales, ces forts rendraient l'approvisionnement de Paris très-difficile pour l'ennemi qui oserait y tenir. Enfin, on pouvait

encore lier ces forts entre eux par des retranchements
passagers.

L'autre moyen était de mettre toute l'enceinte à l'abri
d'un coup de main avec des ouvrages de campagne.
L'Empereur lui donna la préférence, parce qu'il
demandait moins de temps. Il pensait « qu'une grande
« capitale renferme l'élite de la nation, qu'elle est le
« centre de l'opinion, le dépôt de tout, et que c'est
« la plus grande des contradictions que de laisser un
« point aussi important sans défense immédiate. Aux
« époques de malheurs et de grandes calamités, les
« États manquent souvent de soldats faits, mais jamais
« d'hommes pour la défense de leurs murailles. Cin-
« quante mille gardes nationaux, avec 2 ou 3,000
« canonniers, défendent une capitale fortifiée contre
« une armée de 200,000 hommes. Ces 50,000 hommes,
« en rase campagne, s'ils ne sont pas des soldats
« aguerris et commandés par des officiers expéri-
« mentés, seront mis en déroute par une charge de
« quelques milliers de chevaux. Paris avait dû plu-
« sieurs fois son salut à ses murailles ; si, en 1814,
« il eût été mis en état de résister seulement huit
« jours, quelle influence cela n'aurait-il pas eu sur
« les événements du monde ? Si, en 1805, Vienne eût
« été bien armée et mieux défendue, la bataille d'Ulm
« n'eût pas décidé de la guerre ; Austerlitz n'aurait
« jamais eu lieu. Si, en 1806, Berlin eût été fortifié,
« l'armée battue à Iéna s'y fût ralliée, et l'armée
« russe l'y eût rejointe. Si, en 1808, Madrid avait
« été fortifié, l'armée française après les victoires
« d'Espinosa, de Tudela, de Burgos et de Somo-
« Sierra, n'eût pas osé marcher sur cette capitale, en

« laissant derrière elle l'armée anglaise et l'armée es-
« pagnole vers Salamanque et Valladolid. Enfin, ce fu-
« rent les fortifications de Vienne qui sauvèrent deux
« fois l'Europe du sabre des Musulmans. » On chargea
donc le général Haxo de fortifier Paris. Cet habile
ingénieur fit retrancher les hauteurs situées au nord,
depuis Montmartre jusqu'à Charonne, acheva le canal
de l'Ourcq, de manière à couvrir la plaine entre la
Villette et Saint-Denis. Cette ville devait être retran-
chée et couverte par les inondations du Rouillon et
du Crou. Du pied occidental de Montmartre partait
une ligne de retranchements qui s'appuyait à la Seine
au-dessus de Clichy ; à l'extrémité orientale, le parc
de Bercy, les espaces entre Vincennes et Charonne
furent également couverts. Ces ouvrages furent armés
de 700 pièces de canon. Du côté du sud, les faubourgs,
entre la Seine supérieure et la Bièvre, entre la Bièvre
et la Seine inférieure, ne devaient pas rester sans
défense ; déjà même leur enceinte avait été tracée
quand l'ennemi parut devant Paris.

Le général Léry eut la tâche de présider aux travaux défensifs de Lyon ; ils étaient poussés avec
vigueur : 450 pièces de gros calibre, en fer, amenées
de Toulon, et 250 pièces, en bronze, armaient les
remparts ou servaient de réserve. Tout portait à
croire que les habitants de cette ville, dont le patriotisme égale le courage, soutenus par un corps d'armée, donneraient de la besogne à l'ennemi.

En même temps que ces grands travaux s'exécutaient, les levées s'opéraient avec toute l'activité
possible dans les circonstances où l'on se trouvait.
On se rappelle qu'au 1er juin l'effectif de l'armée de

ligne avait été porté de 200 à 400,000 hommes;
mais, dans ce nombre, il fallait comprendre les soldats qui se trouvaient encore dans les dépôts régi-
mentaires, ainsi que les forces nécessaires dans
l'ouest, sur les frontières du sud, et dans les plus
importantes forteresses de l'empire. Napoléon avait
donc 180,000 hommes disponibles pour tenir la campagne tant sur le Rhin qu'en Belgique. Au milieu de
juillet il en aurait eu 500,000; toutes les places auraient eu en outre, pour garnison, des gardes nationales, des dépôts de la ligne et quelques bons régiments (1).

Napoléon se décide à tomber sur les Anglo-Prussiens.

Tous les efforts pour entamer des négociations
ayant été vains, Napoléon eut à opter entre deux partis : le premier, d'aller au milieu de juin au-devant
des Anglo-Prussiens à Bruxelles ou à Namur; le
second, d'attendre les alliés sous Paris et Lyon. Le
dernier avait l'inconvénient de livrer la moitié de la

(1) L'armée de la ligne avait été portée, en deux mois, de
200,000 à 560,000 hommes; mais 150,000 n'étaient pas encore
disponibles, se trouvant dans les dépôts. Outre cela, il y en avait
200,000 en pleine formation, y compris les gardes nationaux mobiles, qui ne pouvaient entrer en ligne qu'à la fin de juillet, bien
qu'ils fussent déjà rassemblés dans les places au milieu de juin.
A la fin d'août, Napoléon jugeait pouvoir disposer de 700,000 à
800,000 défenseurs. Des travaux immenses furent ordonnés pour
mettre en état toutes les places frontières depuis si longtemps
négligées, et surtout pour fortifier Paris, Lyon, Laon, Soissons,
et les passages des montagnes.

France aux ravages de l'ennemi ; mais il offrait l'avantage de gagner jusqu'au mois d'août pour compléter les levées et terminer les préparatifs, puis de combattre, avec tous ses moyens réunis, les armées alliées affaiblies par plusieurs corps d'observation. En transportant, au contraire, le théâtre des hostilités en Belgique, on sauvait peut-être la France d'invasion ; mais, en cas de revers, on attirait les alliés dès le commencement de juillet, c'est-à-dire, six semaines plus tôt qu'ils ne seraient venus d'eux-mêmes (1). L'armée d'élite ébranlée par un revers ne se trouverait plus à même de soutenir une lutte trop inégale, et les levées ne se fussent pas achevées. En échange, ce parti offrait l'espoir de prendre l'ennemi au dépourvu : il était plus conforme à l'esprit de la nation, qui ne comprend pas les Fabius. On peut faire le Fabius comme l'empereur de Russie, quand on a un empire sans fin ; ou comme Wellington, quand on le fait sur le territoire des autres, et outremer ; mais dans un pays comme la France, dont la capitale est à 70 lieues de la frontière belge, et dans la position personnelle où l'Empereur se trouvait, l'idée de laisser venir toute l'Europe armée jusqu'au pied de Montmartre eût consterné les plus déterminés. Sans doute, s'il n'y avait eu en France qu'un

---

(1) Ce calcul, qui pouvait être naturel dans la pensée de Napoléon, en le basant sur la marche des armées russes, les plus éloignées de toutes, n'était pas exact quant aux dates, car les coalisés avaient pris leurs mesures pour entrer en France le 1er juillet sur tous les points. C'était, du reste, un motif de plus pour qu'il les prévînt en Belgique, s'il était en état de le faire.

sentiment et une volonté, ceux de se rallier au chef
de l'État et de vaincre avec lui, il aurait peut-être
mieux fait d'attendre l'ennemi. Mais, avec la division
qui existait dans les intérêts, dans les opinions et dans
les passions politiques, il avait tout à craindre en
attendant l'invasion; car dans l'impossibilité de faire
face partout à la fois, il eût été contraint de livrer la
moitié des provinces aux ravages de la guerre, et la
chambre des députés, déjà si hostile à son pouvoir,
ne l'eût pas épargné. Une victoire au dehors lui pro-
curerait le temps nécessaire, et imposerait silence à
ses ennemis politiques de l'intérieur ; elle lui convenait
ainsi sous tous les rapports ; car, en battant séparément Wellington et Blücher, il se délivrait des dangers qu'il entrevoyait de la part des Fouché, des
Carnot. Du reste, il a avoué sans détour qu'il se croyait
sûr de cette victoire, en voyant l'élan de ses soldats,
et en reportant ses souvenirs sur le passé.

Tous ces motifs le déterminèrent donc à prendre
l'initiative ; ce n'était plus pour occuper Bruxelles,
mais pour détruire successivement les masses ennemies. S'il réussissait, la défaite de Wellington et de
Blücher devait avoir d'importantes conséquences ; ce
grand coup, frappé à propos au début de la campagne, pouvait dissoudre la coalition. Cependant il
était impossible de dégarnir les autres points de la
frontière : il fallut laisser de petits corps à Bordeaux,
à Toulouse, sur le Var, en Savoie, à Béfort et à Stras-
bourg. Ces corps, trop faibles pour résister de front
à l'ennemi, devaient servir du moins à lui imposer et
à entraver sa marche : de plus, c'étaient des points
d'appui précieux pour la levée des gardes nationales,

et pour l'insurrection des campagnes, que l'on devait organiser.

Pour comble de malheur, la Vendée ne se calmait pas, malgré les succès des colonnes mobiles. La guerre civile est un cancer politique qu'il faut extirper dans son germe, sous peine de compromettre le salut de l'État : on fut donc obligé d'y envoyer même une partie de la jeune garde pour renforcer le corps du général Lamarque. Tous ces détachements réduisirent à 120,000 combattants la force de l'armée principale qui dut se réunir entre la Meuse et la Sambre, de Philippeville à Maubeuge.

Quoique l'ennemi eût au moins 200,000 hommes en Belgique, Napoléon n'hésita pas; il importait de ne point perdre de temps pour éviter d'avoir sur les bras toutes les armées ennemies à la fois.

Parti de Paris le 12 juin, il examina le lendemain l'armement de Soissons et de Laon, puis porta, le 14, son quartier général à Beaumont.

L'organisation de l'armée subit de grandes modifications : l'Empereur donna le commandement des corps à de jeunes généraux qui, appelés à gagner leur bâton de maréchal sur le champ de bataille, montreraient plus d'élan pour le triomphe de sa cause. Ce bâton fut conféré à Grouchy, qui avait montré du talent et de la vigueur dans la campagne de 1814, et dans son expédition contre le duc d'Angoulême. Soult fut nommé major général à la place de Berthier, qui avait renoncé à ses drapeaux pour suivre les Bourbons, et qui se précipita des croisées du palais de Bamberg, honteux, dit-on. de se trouver au milieu des colonnes ennemies qui défilaient sous ses yeux

11

pour se jeter sur la France (1). Davoust resta au
ministère de la guerre. Mortier devait commander la
garde ; mais sa santé ne lui en donna pas le temps.
Ney et Grouchy furent destinés à conduire les ailes
de l'armée principale en qualité de lieutenants. Suchet
eut le commandement de l'armée d'Italie, Rapp com-
manda sur le Rhin ; Brune sur le Var ; Clauzel et
Decaen observaient les Pyrénées.

Plan d'opérations.

Napoléon avait quatre lignes d'opérations à choisir ;
il pouvait réunir ses masses à gauche vers Valenciennes, fondre par Mons sur Bruxelles, tomber sur
l'armée anglaise, et la culbuter sur Anvers.

Au centre, il avait la faculté de se diriger par
Maubeuge sur Charleroi, entre Sambre et Meuse,
afin de tomber sur le point de jonction des deux armées de Blücher et de Wellington. Plus à droite, il
pouvait descendre la Meuse, vers Namur, fondre sur
la gauche des Prussiens pour les couper de Coblentz
et de Cologne. Enfin, il était possible de descendre
entre la Meuse et la Moselle, ou entre Meuse et Rhin,
pour tomber sur le corps de Kleist, qui couvrait les
Ardennes et la communication des Prussiens avec le
Rhin.

(1) La mort de Berthier est encore couverte d'un voile mysté-
rieux ; le fait est qu'il tomba du balcon sur le pavé. Les uns
disent qu'il fut précipité par le fils d'un libraire de Nuremberg,
condamné à mort sous l'empire ; d'autres pensent que le spectacle des armées russes, défilant pour entrer en France, lui fit regretter d'avoir émigré.

Ce dernier parti ne menait à rien qu'à des menaces, qui eussent été sans résultat sur un homme de la trempe de Blücher. Il conduisait d'ailleurs trop loin du but qu'on se proposait. Une attaque sur la Meuse était plus sage ; mais elle eût refoulé Blücher sur Wellington, et opéré la jonction qu'il fallait empêcher. La manœuvre inverse par Mons, contre l'armée de Wellington, aurait pu produire, dans un sens opposé, la même jonction que l'on redoutait, en refoulant la droite des alliés sur la gauche. L'Empereur s'arrêta donc au parti de fondre sur le point central, où il pouvait surprendre Blücher en flagrant délit, et le défaire avant que Wellington pût le soutenir.

Pour bien en apprécier le mérite, il faut se rappeler que Napoléon n'avait pas affaire à une seule armée, sous un même chef, et n'ayant qu'un intérêt, mais, au contraire, à deux armées indépendantes l'une de l'autre, ayant deux bases d'opérations entièrement divergentes : celle des Anglais étant basée sur Ostende ou Anvers, et celle des Prussiens sur le Rhin et Cologne ; circonstance décisive, et qui assurait bien plus de succès à toute opération centrale tendant à les diviser et à les combattre successivement.

Premières opérations à l'entrée en campagne.

Cette entrée en campagne de Napoléon, et son premier plan, peuvent être regardés comme une des opérations les plus remarquables de sa vie : neuf corps d'infanterie ou de cavalerie, cantonnés depuis

Lille jusqu'à Metz, durent, par des marches habilement dérobées, se concentrer devant Charleroi, au même instant où la garde, partie de Paris, y arriverait. Ces mouvements furent combinés avec tant de précision, que 120,000 hommes se trouvèrent réunis le 14 juin sur la Sambre comme par enchantement. Wellington, tout occupé de donner des fêtes à Bruxelles, croyait Napoléon encore à Paris, lorsque ses colonnes se présentèrent, le 15 au matin, pour passer cette rivière. Les troupes françaises occupaient, dès la veille, les positions suivantes : la droite, de 16,000 hommes, sous les ordres du comte Gérard, à Philippeville ; le centre, d'environ 60,000, avec Napoléon, vers Beaumont ; et la gauche, de 45,000, à Ham-sur-Heure et Solre-sur-Sambre.

Les ennemis avaient si peu l'idée de ces mouvements, que leurs armées ne se trouvaient pas rassemblées. Blücher avait le premier de ses corps à Charleroi, le second à Namur, le troisième à Dinant, le quatrième, sous Bulow, à Liége ; le cinquième, sous Kleist, couvrait Luxembourg. Cependant l'Empereur apprit, en arrivant à son armée, que le général Bourmont venait de décamper, le 14, de Philippeville, pour joindre Louis XVIII et les alliés. Quelque blâmable que fût cette démarche, on peut croire qu'il ne l'aggrava pas en donnant à l'ennemi des renseignements qu'un soldat même doit taire en pareil cas. Toutefois dans les circonstances où il s'agissait d'une surprise de cantonnements, le seul avis de l'arrivée de l'Empereur et du rassemblement de l'armée était déjà une chose grave ; cette nouvelle suffisait à Blücher pour ordonner la réunion de ses corps, et

Situation de l'armée française, au 14 juin 1815.

	FORCE.	EMPLACEMENT.
ARMÉE ACTIVE DE BELGIQUE.		
1er CORPS. *Comte d'Erlon.* — 4 Divisions d'infanterie : Guyot, Donzelot, Marcognet, Durutte. — 1 — Cavalerie, Jaquinot.	22,800	A Solre-sur-Sambre.
2e CORPS. *Comte Reille.* — 4 Divisions d'infanterie : Bachelu, Foy, Jerôme Bonaparte, Girard. — 1 — Cavalerie de Piré	22,800	Ham-sur-Heure.
3e CORPS. *Comte Vandamme.* — 3 Divisions d'infanterie : Habert, Berthezène, Lefol — 1 — Cavalerie, Walin	16,000	Beaumont.
4e CORPS. *Comte Gérard.* — 3 Divisions d'infanterie : Vichery, Pecheux, Hulot. — 1 — Cavalerie de Morin.	14,600	Philippeville.
6e CORPS. *Comte Lobau.* — 3 Divisions d'infanterie : Simmer, Jeannin, Teste. — 1 — Cavalerie de Dhomond.	12,600	Beaumont.
GARDES. — 2 Divisions : Vieille garde, Friant et Morand. . . . 8,000 — 1 — Jeune garde, Duhesme. . . . . . 4,000 — Cavalerie de la garde, 19 escadrons légers, 13 escadrons grosse cavalerie . . . . 4,000 — Artillerie, sapeurs 2,400	18,400	Id.
RÉSERVES DE CAVALERIE.		
1er CORPS LÉGER. *Général Pajol.* — Divisions de hussards et chasseurs de Soult et Subervic	2,800	Beaumont.
2e CORPS. *Excelmans.* — Divisions de dragons, Sproly et Chastel	3,000	Id.
3e CORPS. *Cuirassiers Milhaud.* — Divisions de cuirassiers, Wathier et Delort	3,600	Id.
4e CORPS. *Comte de Valmy.* — Divisions de cuirassiers , Lhéritier et Roussel	3,700	Id.
TOTAL : 167 faibles bataillons, 166 escadrons, 346 canons.	120,500	combattants.

AUTRES TROUPES.

Rapp commandait l'ARMÉE DU RHIN.
Belliard commandait un CORPS à Metz.
Lecourbe un petit CORPS D'OBSERVATION à Béfort.
Suchet l'ARMÉE D'ITALIE en Savoie.

Brune le CORPS D'OBSERVATION du Var.
Decaen et *Clausel* les CORPS D'OBSERVATION des Py-rénées.
Lamarque le CORPS de la Vendée.

Situation des armées alliées en Belgique, au 14 juin 1815.

	FORCE.	EMPLACEMENT.
1° PRUSSIENS, SOUS LE MARÉCHAL BLUCHER.		
1er corps. *Ziethen.* { 4 Divisions d'infanterie (*) : Steinmetz, Pirch 2°, Jagow et Henkel . . . . — Cavalerie de Röder, 3,900.	32,800	Sur la Sambre, entre Thuin et Auvelois.
2e corps. *Pirch.* { 4 Divisions d'infanterie : de Tippels Kirch, Krafft, Brause et Langen . . . — Cavalerie de Jurgas, 4,000.	31,800	Environs de Namur.
3e corps. *Thielmann.* { 4 Divisions d'infanterie : de Borcke, Kempfen, Luck et Stulpnagel . . . . — Cavalerie de Hobe, 2,500.	24,000	Environs de Ciney et Dinant.
4e corps. *Bulow.* { 4 Divisions d'infanterie : de Haacke, Ryssel ; Lostyn et Hiller . . . . . . — Cavalerie du prince Guillaume de Prusse, 3,000.	30,500	Environs de Liége.
5e corps. *Kleist.* { Environ 30,000.	. . . .	Luxemb., Bastogne.
TOTAL, sans compter *Kleist*, 136 bataillons, 133 escadrons, 520 canons . . .	118,900 combattants.	
2° ARMÉE ANGLO-NÉERLANDAISE DU DUC DE WELLINGTON.		
		Enghien, Jurbise et environs.
1er corps. *Prince d'Orange.* { 2 Divisions anglaises, les Gardes et Alten. 10,800	10,800	Enghien, Jurbise et environs.
Armée belge-hollandaise. { Brigade indienne, division Stedman. ·} 24,300	24,300	D'Audenarde à Nivelles.
{ Divisions Perponcher et Chassé. . . . } 4,600	4,600	Braine-le-Comte.
Cavalerie du général Collaert.		Ath, Renaix, Audenarde, Leuze et Bruxelles.
2e corps. *Général Hill.* { 5 Divisions anglo-hanovriennes : Clinton, Coleville, Picton, Lambert et Decken, sans l'artillerie.	34,600	Ath, Renaix, Audenarde, Leuze et Bruxelles.
— Cavalerie de lord Uxbridge	9,850	De Gand à Mons.
Corps *de Brunswick :* Infanterie et cavalerie.	6,750	Bruxelles, Malines.
Contingent *de Nassau.*	3,000	Bruxelles, Genappe.
Artillerie.	6,000	Répartie.
TOTAL : 123 bataillons, 114 escadrons, 240 canons	99,900 combattants.	
TOTAL des deux armées, sans le corps de *Kleist* et quelques garnisons, 560 canons. .	218,800 combattants.	
AUTRES TROUPES.		
La grande armée austro-russe, sous *Barclay de Tolly* et *Schwarzenberg*, se rassemblait sur le Rhin, avec les Bavarois et les Wurtembergeois, au delà de	550,000 100,000	
Les Austro-Sardes en Italie. . . . . Les Suisses, les Espagnols, les petits contingents allemands, portaient les forces alliées à 800,000 ou 900,000 hommes.		

(*) Les Prussiens les nommaient des brigades, mais elles étaient plus fortes que les divisions françaises : ils avaient quarante batteries et Wellington trente et une ; je les ai estimées à huit pièces l'une dans l'autre.

déjouer ainsi tout projet de surprise. On assure du reste qu'il avait déjà ordonné cette réunion sur un premier avis reçu par un tambour de la vieille garde, qui avait déserté la veille ; la présence de la vieille garde était un indice certain et suffisant pour donner l'éveil aux ennemis.

Quant à l'armée de Wellington, elle n'avait pas encore bougé des cantonnements qu'elle occupait depuis Audenarde, sur l'Escaut, jusqu'à Nivelles ; mais elle était avertie et prête à le faire au premier signal.

Les événements furent si importants et si pressés dans cette campagne de quatre jours, que je crois devoir entrer dans quelques détails pour les faire comprendre, et joindre ici, dans le même but, le tableau de situation des armées respectives le 15 juin au matin. Si Napoléon ne connaissait pas alors d'une manière précise la composition et l'emplacement de tous les corps ennemis, il savait du moins en gros que les Prussiens cantonnaient de Charleroi jusqu'à Liége, et que les Anglo-Belges étaient disséminés entre Ath et Bruxelles, avec des avant-gardes vers Mons et Tournay. Le point de jonction des deux armées était donc la chaussée qui mène de Charleroi à Bruxelles, et ce fut là aussi qu'il dirigea ses coups, avec d'autant plus d'espoir qu'il pourrait profiter ainsi de la dissémination des forces ennemies, et les accabler séparément.

Journée du 15 juin. Passage de la Sambre.

La réussite dépendant de la célérité, l'armée française passa la frontière le 15 au point du jour, en se

11.

dirigeant sur Charleroi. Le corps du général Reille,
qui se trouvait à Ham-sur-Heure, le plus près de l'ennemi, dut franchir la Sambre à Marchiennes, et
se diriger sur Gosselies : celui d'Erlon, qui se
trouvait plus en arrière, à Solre-sur-Sambre, devait suivre la même direction. Le centre ou corps de
bataille, avec les réserves de cavalerie aux ordres de
Grouchy (1), marcha de Beaumont sur Charleroi, et
la droite se porta de Philippeville sur le Châtelet, où
elle devait franchir la Sambre pour couper la retraite
sur Namur à la division prussienne qui tenait Charleroi.

Ces mouvements, quoique en partie imprévus de
la part des ennemis, n'atteignirent pas entièrement
leur but. Le corps de Reille franchit à la vérité la
Sambre avec succès, et gagna la route de Gosselies, précédé par la cavalerie légère de la garde;
mais celui de Gérard parti de Philippeville, ayant
une plus longue marche à faire par de détestables
chemins, arriva trop tard au Châtelet pour gagner
à temps la route de Gilly, et remplir sa destination.

Le centre avait également de très-mauvais chemins
de traverse à parcourir de Beaumont à Charleroi, et
Vandamme, qui devait former la tête de cette colonne,
partit un peu tard de son camp (2). Les généraux
prussiens, dont les divisions étaient morcelées sur la

---

(1) Dans cette première organisation, Grouchy commandait
toute la cavalerie; ce ne fut que le lendemain 16 juin que l'armée fut organisée en deux ailes, et qu'il prit le commandement
de la droite.

(2) Ainsi le prétend le général Gourgaud; mais nous avons

ligne, eurent ainsi d'autant mieux le loisir de les réunir et d'évacuer Charleroi, que cela était dans leur plan de rassemblement; deux ou trois bataillons seulement furent abîmés dans des combats partiels. La 1re division du corps de Ziethen voulant se retirer du Piéton par Gosselies, trouvant ce point déjà occupé par l'avant-garde de Reille, dut se faire jour pour gagner Heppignies. La 2me division se réunit à Gilly sur la route de Namur. Le corps de Reille ayant chassé la division prussienne de Gosselies et la voyant prendre sa retraite par Heppignies sur Fleurus, la fit suivre par la division Girard, et continua sa route avec les trois autres divisions sur Frasnes. La cavalerie légère de la garde, qui le précédait, chassa de ce bourg l'avant-garde du prince de Weimar, qui concentra sa brigade sur Quatre-Bras.

La cavalerie légère de Grouchy, ayant débouché de Charleroi sur Gilly, y trouva les deux divisions de Ziethen, et dut s'y arrêter pour attendre l'infanterie de Vandamme qui débouchait avec peine par le pont de cette ville où régnait un grand encombrement. Dans cette position, les deux partis échangèrent quelques coups de canon.

Pendant que les colonnes françaises débouchaient des ponts de la Sambre, et cherchaient l'ennemi, Napoléon s'établit en avant de Charleroi, à l'embran-

---

des motifs de croire qu'il fut commis une erreur dans la transmission des ordres, car Vandamme n'était pas de ces hommes dont il fallait stimuler l'activité; il n'était que trop ardent, à moins que quelque jalousie personnelle n'excitât son mécontentement.

chement des routes de Gosselies et de Fleurus, où il
attendait les rapports et méditait sur l'emploi qu'il
allait faire des masses qu'il avait rassemblées avec
tant d'habileté, et sur la direction qu'il conviendrait
de leur assigner.

Mesures des alliés.

Avant d'aller plus loin, il est bon de jeter un coup
d'œil sur les mesures préventives que les alliés
avaient prises contre l'orage qui allait fondre sur eux.
Si leurs généraux furent pris en défaut sur l'instant
de l'irruption, on doit avouer qu'ils étaient bien pré-
parés au fond pour le cas où elle aurait lieu. Les
Anglo-Prussiens voulaient prendre l'offensive au
1er juillet; en attendant, ils avaient adopté toutes les
précautions comme s'ils devaient être prévenus. Tous
les rassemblements partiels et généraux étaient bien
indiqués. Ils connaissaient trop le système de Napoléon de percer les centres divisés, pour ne pas prévoir qu'il manœuvrerait à l'effet de séparer leurs
deux armées. Dans cette hypothèse, Blücher avait
choisi la position derrière Ligny pour rassembler là
sienne sur sa droite, et Wellington avait choisi le
point de Quatre-Bras pour réunion sur sa gauche;
en même temps il avait reconnu la position entre Hal
et Mont-Saint-Jean (ou Waterloo), pour couvrir
Bruxelles et y recevoir le combat, soit que les Français débouchassent par Valenciennes et Mons, soit
qu'ils arrivassent par Charleroi.
Ces dispositions étaient d'une sagesse incontestable, mais, avec l'impétuosité et la vivacité ordi-

naire des entreprises et des mouvements de l'Empereur des Français, elles pouvaient encore manquer leur but, et être déjouées.

D'après ce qui était convenu, aussitôt que Blücher eut vent à Namur de l'approche de l'armée impériale, il expédia, le 14 à minuit, l'ordre à Ziethen de se replier en combattant sur Fleurus; prescrivit au même instant au corps de Pirch de se rassembler à Sombreffe; ordonna à Thielmann de venir en toute hâte de Dinant à Namur, tandis que Bulow dut se rassembler à Hannut. Ces mesures, évidemment motivées par les rapports des transfuges, ne dénotent point toutefois que Blücher comptât sur un passage aussi brusque de la Sambre et sur une bataille décisive pour le lendemain.

Mouvement décisif prescrit à Ney.

Napoléon ne pouvait connaître alors toutes ces circonstances; mais, d'après les divers renseignements qu'il avait reçus et la direction de retraite des troupes prussiennes, il comprit que leur armée chercherait à se rassembler entre Namur et la chaussée de Charleroi à Bruxelles, puisque c'était par celle-ci que les Anglais arriveraient à son soutien : or, dans cette supposition, l'Empereur n'avait guère qu'un parti sage à prendre; le plus simple coup d'œil sur la carte indiquait assez qu'il devenait essentiel de s'emparer d'un côté de Sombreffe, et de l'autre du point central des Quatre-Bras (village qui prend son nom du croisement de deux routes formant quatre embranchements sur Namur, sur Charleroi, sur

Bruxelles et sur Nivelles). Car une fois maître de ces
deux points, on était en mesure d'agir à son gré sur
l'une ou l'autre des armées ennemies, et d'empêcher
leur jonction. En conséquence, Napoléon donna à
Grouchy l'*ordre verbal* de pousser dès le soir même
jusqu'à Sombreffe, s'il le pouvait : le maréchal Ney,
qui venait d'arriver de Paris en poste, reçut celui
de prendre le commandement de l'aile gauche formée
des corps de Reille et d'Erlon, de se porter sans délai sur la route de Bruxelles dans la direction des
Quatre-Bras, et de pousser des avant-gardes sur les
trois embranchements qui partaient de là, afin de
bien s'éclairer (1).

Ayant appris au même moment que la cavalerie
de Grouchy était arrêtée vers Gilly par une partie
du corps de Ziethen, Napoléon se hâta d'y courir
pour en ordonner l'attaque; l'ennemi, voyant arriver
l'infanterie de Vandamme, se retira en combattant, et

(1) Ce fait, affirmé dans la relation de Gourgaud, se trouve
contesté par les défenseurs de Ney. Il est constant que dans les
ordres écrits par Soult, on ne trouve de trace de ce mouvement
que le 16 au matin; mais il est certain aussi que Napoléon donna
à Ney, le 15 au soir, toutes les instructions *verbalement*, de
même qu'à Grouchy, auquel il ordonna de pousser jusqu'à Sombreffe, si cela était possible. Il est donc plus que probable qu'il
donna à Ney, de vive voix, l'ordre cité par Gourgaud avec des
circonstances qui ne permettent point d'en douter. Comment,
en effet, aurait-il poussé sa droite jusqu'à Sombreffe, et laissé sa
gauche en arrière à Gosselies, lorsque cette aile avait le moins
de chemin à faire, même si elle eût poussé jusqu'aux Quatre-
Bras? Du reste, si le mouvement parut difficile à xécuter le
15 au soir, il est évident qu'il eût été indispensable de marcher
dès le 16 à six heures du matin sur ce point important.

à la suite d'une canonnade assez vive, Excelmans et Vandamme le délogèrent des bois de Soleilmont et Lambusart, où la 3ᵐᵉ division de Ziethen vint le recueillir.

Retard que Ney éprouve.

Dans l'intervalle où ceci se passait, le maréchal Ney, arrivé entre Gosselies et Frasnes, ayant entendu le canon qui grondait du côté de Gilly, où Vandamme et Grouchy attaquaient la 2ᵐᵉ division de Ziethen, crut que ce combat pourrait modifier les projets de l'Empereur, et au lieu de pousser vivement jusqu'aux Quatre-Bras, il s'établit en avant de Gosselies. Ce contre-temps était des plus fâcheux, car, en admettant que Ney n'en eût pas reçu l'ordre formel, il devait sentir l'importance de cette occupation. On a dit, pour le justifier, que ses troupes, et surtout celles du corps d'Erlon qui venaient de Solre par des chemins affreux, se trouvaient encore éparpillées entre Gosselies et Marchiennes; on a ajouté que le canon grondant en arrière de son flanc droit fit croire au maréchal que l'on pourrait être forcé de le rappeler, et qu'il ne devait pas presser sa marche, de crainte d'avoir trop de chemin à faire pour revenir sur ses pas (1) : il fit même rétrograder par cette

(1) Nous devons observer, une fois pour toutes, que, sans vouloir rien préjuger sur les fautes que Napoléon reprocha à ses lieutenants, nous devons rapporter exactement ce qu'il en dit au moment même de la catastrophe. Ney fut moins actif et moins impétueux dans les journées des 15 et 6 juin, qu'il ne l'avait été à Elchingen, à Iéna, à Friedland; mais il faut aussi faire la part

raison la division Bachelu qui avait poussé jusqu'à Frasnes.

Quoi qu'il en soit, la nuit étant survenue sans que la droite pût atteindre Sombreffe comme il le désirait, Napoléon se consola probablement du retard éprouvé par sa gauche, et il retourna vers dix heures du soir à Charleroi, où Ney se rendit plus tard, à son invitation sans doute, dans le but de se concerter avec lui sur les opérations du lendemain. Les troupes du corps de bataille et la cavalerie bivaquèrent entre les bois de Lambusart et le village d'Heppignies occupé par la division Girard du corps de Reille; la garde et le corps de Lobau en réserve autour de Charleroi où s'établit le quartier impérial. Le corps du comte Gérard resta près du Châtelet; celui d'Erlon ne dépassa pas Jumet.

Dispositions de la matinée du 16 juin.

D'après ce que nous venons de dire, on voit que Napoléon avait dû renoncer à l'idée de pousser dès le 15 jusqu'à Sombreffe et Quatre-Bras qui devaient être les pivots de tous ses mouvements ultérieurs.

des circonstances. Il arrivait en poste de Paris à Charleroi, sans équipages et même sans chevaux, lorqu'on lui donna subitement l'ordre de prendre le commandement de huit divisions d'infanterie qu'il n'avait jamais vues, dont il connaissait à peine quelques chefs, et dont l'emplacement était un mystère pour lui. Si l'aile de Ney eût été depuis quelques jours sous ses ordres, et qu'il eût dirigé ses mouvements antérieurs, il est probable qu'il fût arrivé dès le 15 au soir à Quatre-Bras.

Mais pour assurer la réussite de son plan sagement combiné, il importait de réparer vivement et promptement, dès le 16 au point du jour, ce que les opérations de la veille avaient eu d'incomplet ; malheureusement pour lui, cela ne se fit pas avec l'activité inouïe qui le distinguait ordinairement. On est forcé de l'avouer, l'emploi qu'il fit de cette matinée du 16 restera toujours un problème pour ceux qui le connaissent bien : comptait-il que Ney et Grouchy exécuteraient d'eux-mêmes, au lever du soleil, l'ordre verbal qu'ils avaient reçu de pousser sur Sombreffe et Quatre-Bras, et crut-il pouvoir employer le temps qu'ils y mettraient à régler les nombreuses affaires qui l'assiégeaient à son quartier général ? On peut le supposer ainsi, car l'Empereur arrêta en effet, dès le matin, l'organisation définitive de son armée en deux masses principales et une réserve : Grouchy eut le commandement de l'aile droite composée des corps de Vandamme et de Gérard, avec ceux de cavalerie de Pajol, Excelmans et Milhaud. Ney eut le commandement de l'aile gauche composée des corps de Reille et d'Erlon, avec la cavalerie du comte de Valmy et de Lefèvre Desnouettes. Le corps de Lobau et la garde formaient une réserve d'environ 28,000 hommes (1).

(1) Cette organisation a trouvé des critiques, parce que dans le fait l'armée n'avait pas de centre ; on a pensé qu'il eût mieux valu extraire les quatrièmes divisions des deux corps de Reille et d'Erlon, et de les réunir au corps de Lobau pour former un centre et deux ailes, indépendamment des réserves ; cela eût facilité les mouvements, et peut-être évité le faux emploi de trop grands détachements aux journées des 16 et 18 juin. Napoléon fut sans doute déterminé par la raison qu'ayant deux armées bien

On peut supposer aussi qu'instruit de la présence de Blücher à Namur, où il avait passé la journée du 15, l'Empereur en conclut que c'était autour de cette ville qu'il réunirait ses différents corps, puisque c'était le point central de leurs cantonnements. Il pouvait donc naturellement inférer de là, qu'il n'aurait devant lui, dans la journée du 16, qu'une partie de cette armée, et qu'il lui suffirait de prendre un parti sérieux après midi : toutes les mesures prescrites le prouvent évidemment; car il annonça dès le matin à Ney qu'il ne prendrait ce parti définitif qu'à trois heures après midi (1).

Envoi du général Flahaut au maréchal Ney.

Quoi qu'il en soit, Napoléon résolut, vers les huit heures du matin, d'envoyer son aide de camp Flahaut au maréchal Ney, pour lui réitérer l'ordre formel de marcher vivement sur les Quatre-Bras, de s'y établir

distinctes à combattre, il convenait d'avoir une certaine masse toute prête à opposer à chacune d'elles, plus une réserve pour renforcer le point où il voudrait porter les coups; résultat qu'on eût du reste encore mieux obtenu, en ayant trois masses, outre la réserve.

(1) Cette circonstance est d'autant plus surprenante, que Grouchy avait adressé, dès six heures du matin, un rapport annonçant que les Prussiens débouchaient de Sombreffe sur Saint-Amand, en forces considérables. Comme cela ne s'accordait guère avec les renseignements reçus de la présence de Blücher à Namur, Napoléon parut ne pas y ajouter foi : d'ailleurs il était souffrant et fort inquiet de la tournure que les chambres et les jacobins prenaient à Paris. Ce ne fut qu'à trois heures qu'il conçut un projet alors inexécutable.

fortement, de s'éclairer sur les trois routes, et de détacher de là une bonne division d'infanterie avec la cavalerie légère de la garde sur Marbaix, afin de se lier à Grouchy qui, avec l'aile droite, allait s'emparer de Sombreffe. Cette dépêche, écrite par Flahaut lui-même sous la dictée de Napoléon, partit vers neuf heures, et avait dû être précédée d'un ordre pareil donné par le major général : ces ordres n'arrivèrent à Gosselies que vers onze heures, et le maréchal en était déjà parti pour rejoindre l'avant-garde du corps de Reille qui se trouvait près de Frasnes, en sorte qu'il ne les reçut pas immédiatement.

En même temps que ces choses se passaient au quartier impérial, les troupes de Grouchy avaient pris les armes pour débusquer de Fleurus les arrière-gardes de Ziethen, qui ne les attendirent pas et se replièrent sur le corps de bataille formé sur les hauteurs entre Ligny et Saint-Amand, en présence duquel les Français se trouvèrent vers onze heures.

Nouveau retard reproché à Ney.

Napoléon, arrivé quelques instants après sur les lieux, allait reconnaître la position, lorsqu'il apprit que Ney avait encore cru devoir ralentir sa marche sur les Quatre-Bras par plusieurs motifs : le premier était que le corps d'Erlon se trouvait encore fort en arrière ; le second était le faux avis que la jonction des deux armées ennemies venait déjà de s'opérer, et que dès lors le mouvement prescrit, loin d'être utile, ne serait plus qu'aventureux : d'après cela, le maréchal attendait, avant de s'engager sérieusement,

de savoir ce que l'Empereur déciderait à la réception
de ces renseignements (1).

Tandis que ces lenteurs menaçaient la réussite du
beau plan d'opérations de Napoléon, les alliés dé-
ployaient une activité peu commune, et les Prussiens
surtout se rassemblaient avec une rare célérité. Blücher, instruit à Namur, le 15, à dix heures du matin,
du passage de la Sambre et du danger qui menaçait
Ziethen, avait ordonné à Thielmann et à Bulow de
marcher sans désemparer sur Sombreffe. Le corps de
Pirch avait quitté Namur le 15 pour cette destination,
et marché une partie de la nuit; celui de Thielmann,
venant de Dinant, n'avait fait qu'une halte de trois
heures à Namur, pour nourrir les troupes, et avait
filé toute la nuit sur Sombreffe, où les derniers bataillons arrivèrent entre neuf et dix heures du matin.
Bulow, venant de Liége, ne pouvait arriver que dans
la nuit du 16 au 17 vers Gembloux. Le gros de l'armée prussienne (3 corps, ensemble 90,000 hommes)

(1) Ces retards sont contestés par les défenseurs de Ney, qui
veulent prouver que l'ordre porté par Flahaut, n'étant arrivé à
Gosselies qu'à onze heures, et à Frasnes vers midi, ne pouvait être
exécuté qu'à deux heures, et qu'il le fut... Mais les ordres donnés
verbalement le 15 et le 16, à une heure du matin, ne sauraient
guère être mis en doute, sans accuser Napoléon d'impéritie. Du
reste, comment Ney aurait-il pu s'excuser à neuf heures du matin
de n'avoir pas encore marché sur les Quatre-Bras, s'il n'en avait
pas reçu antérieurement l'ordre verbal?

se trouva ainsi formé le 16, à dix heures du matin,
entre Bry et Tongrines.

Wellington, qui croyait Napoléon encore à Paris,
n'avait appris l'approche de son armée qu'avec la nouvelle du passage de la Sambre, reçue le 15, à cinq
heures du soir, à Bruxelles, au milieu d'un dîner ;
mais le duc avait prévenu ses troupes de se tenir
prêtes au premier signal, et il fit partir des officiers
dans toutes les directions pour les mettre en marche.
Sa gauche, sous le prince d'Orange, cantonnait entre
Mons et Nivelles, et avait son quartier général à
Braine-le-Comte; sa droite, sous le général Hill, s'é-
tendait jusque vers Ath. Ce n'était donc que par un
prodige d'activité que cette ligne étendue pourrait
se rassembler sur sa gauche le 16 au soir ou le 17 au
matin, et c'était évidemment par la route de Nivelles
aux Quatre-Bras qu'elle pouvait se lier avec les Prussiens. Wellington, après avoir expédié ces ordres,
se rendit aux Quatre-Bras, où il trouva, le 16 au
matin, une partie de la division belge de Perponcher,
accourue de Nivelles, et la brigade du prince de Saxe-
Weimar. En attendant les colonnes qui arriveraient
de Bruxelles et de Braine, le duc se rendit au galop
à Bry, où il s'aboucha avec Blücher vers midi : ayant
trouvé l'armée prussienne diposée à recevoir bataille,
il lui promit de réunir 30 à 35,000 hommes dans la
soirée, pour la seconder sur sa droite, et retourna
à cet effet aux Quatre-Bras, où il revint après deux
heures.

Pour vaincre des ennemis qui prenaient de si sages
dispositions, il aurait fallu l'ancienne impétuosité du
vainqueur de l'Italie, d'Ulm, d'Iéna et de Ratis-

12.

bonne ; or, ses plus chauds admirateurs ne sauraient
la reconnaître ici. Sans doute il se reposait, comme
nous l'avons déjà observé, sur l'empressement de ses
lieutenants à réparer d'eux-mêmes le temps perdu, et
à exécuter, dès le matin, les ordres verbaux qu'il leur
avait donnés la veille pour l'occupation des deux
points sans lesquels il ne pouvait nullement compter
sur la réussite de son projet. Toutefois cet espoir ne
suffisait pas, et l'Empereur de 1809 n'eût pas manqué d'être de sa personne à Fleurus dès huit heures
du matin, pour y juger l'état des choses par lui-même
et vérifier le rapport que Grouchy lui avait envoyé
dès six heures, annonçant la présence de fortes colonnes prussiennes qui débouchaient de Sombreffe
sur Saint-Amand.

Nouvel ordre donné à Ney.

Quoi qu'il en soit, Napoléon, arrivé, comme on l'a
vu plus haut, à onze heures auprès de Fleurus, y
avait reçu l'avis du nouveau retard apporté dans le
mouvement sur les Quatre-Bras.

Contrarié de ce déplorable incident, l'Empereur
fit réitérer à Ney l'ordre de pousser vivement sur
les Quatre-Bras, bien entendu qu'il détacherait les
8,000 hommes sur Marbaix, ainsi qu'il en avait reçu
l'injonction par le général Flahaut. Ce nouvel ordre
l'informait en même temps que Grouchy allant occuper Sombreffe, il n'aurait certainement affaire qu'aux
troupes accourant de Bruxelles. Waleski, officier po-
lonais, fut le porteur de cette lettre.

Pendant qu'il galopait sur le chemin de Gosselies,
Napoléon monta vers midi sur les hauteurs du moulin de Fleurus, pour reconnaître le corps prussien
dont on signalait la présence. La position était héris-
sée de difficultés sur son front, que couvrait le ruisseau de Ligny; la gauche s'étendait jusqu'aux environs de Sombreffe et Tongrines, le centre vers Ligny,
la droite derrière Saint-Amand. Ce grand bourg,
formé de trois villages distincts (qui portent le nom
de Saint-Amand le Château, Saint-Amand la Haie, et
Saint-Amand le Hameau), protégeait l'aile droite dont
le flanc appuyait à Wagnelée. La seconde ligne et les
réserves étaient entre Sombreffe et Bry. Ainsi, six
grands villages, dont quatre étaient d'un abord difficile à cause du ruisseau, couvraient, comme autant
de bastions, la ligne de l'ennemi; ses réserves et seconde ligne, placées en colonnes d'attaque par bataillons entre Sombreffe et Bry, pouvaient en soutenir
tous les points (1).

(1) Les quatre divisions du corps de Ziethen, formées en première ligne, défendaient Ligny et Saint-Amand; celles du corps
de Pirch, formant la seconde ligne à Bry et Sombreffe, entrèrent
successivement en ligne. La gauche, sous Thielmann, arrivée
seulement à neuf heures du matin, était vers Tongrines.

La relation de Gourgaud dit que Napoléon fit cette reconnaissance à dix heures, tandis qu'à deux heures seulement Soult
annonçait à Ney que l'on venait de découvrir un *corps prussien*.

Dispositions que cette reconnaissance porte à faire.

D'après cette reconnaissance, il devint plus manifeste encore que c'était sur la droite de Blücher que
Napoléon devait frapper le grand coup ; car cette aile
se trouvait déjà dépassée par la marche de Ney, et
c'était le seul point de jonction avec Wellington.
L'Empereur éprouva, dit-on, quelque surprise en
voyant cette position; les renseignements s'accordaient à dire que Blücher avait passé la journée
du 15 à Namur, où son armée n'était point encore
réunie. Bien que Napoléon jugeât tout l'intérêt que
les armées alliées avaient à opérer une jonction, il ne
pensait pas que Blücher abandonnât ainsi sa communication avec Liége et Aix-la-Chapelle; car il croyait
son armée moins nombreuse, et se serait plutôt attendu à la trouver dans la belle position défensive
entre Sombreffe et Tongrines, à cheval sur la chaussée
de Namur. La ligne qu'elle avait prise entrait parfaitement dans les convenances des Français, mais il
s'agissait d'en profiter sans aucun délai, et ils avaient
déjà perdu trop de temps.

Quoique le retard dans le projet sur les Quatre-
Bras parût fâcheux, puisqu'il eût été important que
ce point fût occupé dès le matin, il faut avouer qu'a-
près la reconnaissance qu'il venait de faire, l'Empereur
aurait eu sujet de s'en consoler, puisqu'il en résultait
que Ney serait encore disponible pour le seconder à
l'attaque des Prussiens.

Cette reconnaissance ayant été achevée vers une

heure, Napoléon avait effectivement trois partis à prendre :

1° Arrêter sur-le-champ la marche des colonnes de Ney; ordonner à la cavalerie de Kellermann de prendre position à Frasnes, pour couvrir la route de Charleroi qui était la ligne de retraite; puis jeter les sept divisions des corps de Reille et d'Erlon par la chaussée romaine sur Marbaix, pour tourner Blücher et le prendre à revers, pendant que Napoléon l'attaquerait de front.

2° Prescrire ce mouvement au corps d'Erlon seulement, en laissant celui de Reille avec la cavalerie de Kellermann défensivement vers Frasnes et les Quatre-Bras, pour observer l'ennemi et couvrir la chaussée de Charleroi.

3° Prescrire, au contraire, à Ney de fondre avec impétuosité sur tout ce qui se trouvait aux Quatre-Bras, de le rejeter sur Genappe, dans la direction de Bruxelles, puis de se rabattre ensuite sur Bry, dans la direction de Namur, pour coopérer à l'attaque contre Blücher.

Sous le point de vue tactique, le premier de ces partis était incontestablement celui qui promettait les plus grands résultats; mais Napoléon avait précisément poussé Ney sur les Quatre-Bras, autant pour empêcher les troupes anglo-belges de se porter par la route de Namur au soutien de l'armée prussienne, que pour couvrir sa ligne naturelle de retraite sur la route de Charleroi, et il lui en coûtait de renoncer à ce double avantage, en livrant cette route importante à la merci de l'ennemi s'il n'y laissait que de la cavalerie. Dans cette supposition, il aurait pu adopter

le second parti, qui avait l'avantage de couvrir suffisamment la ligne de retraite, et qui procurait des
forces suffisantes pour déborder la droite de Blücher.
Napoléon donna la préférence au troisième, sans
doute dans l'espoir que l'ordre expédié par Flahaut,
avant neuf heures, serait exécuté au moment où la
reconnaissance venait d'être achevée, et que Ney,
une fois maître des Quatre-Bras, pourrait, avec
d'autant plus de sécurité, concourir à la défaite de
Blücher, lorsqu'il aurait battu les Anglo-Belges qui
se trouvaient devant lui. Cependant, il est probable
qu'un peu d'incertitude régna dans les résolutions de
l'Empereur, puisque ce ne fut qu'à deux heures que
l'ordre suivant fut expédié à Ney :

« Au bivac devant Fleurus, à deux heures après midi.

« MONSIEUR LE MARÉCHAL,

« L'Empereur me charge de vous prévenir que l'en-
« nemi a réuni un *corps de troupes* entre Sombreffe
« et Bry, et qu'à deux heures et demie M. le maréchal
« Grouchy, avec les 3° et 4° corps, l'attaquera.

« L'intention de Sa Majesté est que vous attaquiez
« aussi ce qui est devant vous ; *qu'après l'avoir vi-*
« *goureusement pressé,* vous vous rabattiez sur
« nous pour concourir à envelopper le corps dont je
« viens de vous parler. Si ce corps était enfoncé au-
« paravant, alors Sa Majesté manœuvrerait dans votre
« direction pour faciliter également vos opérations.

« Instruisez de suite l'Empereur de vos dispositions
« et de ce qui se passera sur votre front. »

Toutes les expressions de cette dépêche semblent
attester que Napoléon n'avait reconnu que fort im-
parfaitement la force des Prussiens, puisqu'il n'y est
question que *d'un corps,* et que l'on suppose qu'il
pourrait être culbuté sans le concours de l'aile gauche : cette dernière circonstance explique naturellement le double intérêt que le général français devait
attacher à l'occupation préalable des Quatre-Bras,
afin de ne rallier Ney à lui qu'après qu'il serait débarrassé de toute inquiétude sur ce point.

Attaques de Ligny et de Saint-Amand.

Pendant que ces résolutions, un peu tardives, et
basées sur des renseignements incomplets, étaient
portées à l'aile gauche, Napoléon, de son côté, s'était
mis en mesure d'attaquer les Prussiens. Le corps du
comte de Lobau, laissé d'abord trop loin vers Charleroi, reçut l'ordre de venir en toute hâte à Fleurus.
La gauche du corps de bataille, sous Vandamme, se
présenta devant le village de Saint-Amand; le centre,
sous le comte Gérard, se présenta devant Ligny; la
garde se plaça en arrière de ces deux attaques : la cavalerie de Grouchy se déploya sur la droite pour
contenir la gauche des Prussiens, qui venait de se
renforcer par l'arrivée du corps entier de Thielmann.

L'attaque commença entre deux et trois heures à
Saint-Amand, dont Vandamme s'empara d'abord, malgré une vigoureuse résistance; mais les Prussiens,

favorisés par le village de la Haie et par les hauteurs qui le dominent, ayant fait avancer leur seconde ligne, ne tardèrent pas à le reprendre.

Le comte Gérard trouva la même opposition à Ligny, dont il ne put occuper qu'une partie.

Cette résistance ayant prouvé que l'ennemi était plus fort qu'on ne le supposait, Napoléon fit envoyer, à trois heures un quart, au maréchal Ney, l'ordre formel, mais malheureusement bien tardif, de manœuvrer avec ses forces sur Bry et Saint-Amand (1); craignant même que cet ordre n'éprouvât quelque contrariété, et sachant que le corps d'Erlon n'avait pas dépassé Frasnes, on envoya le général Labédoyère pour communiquer à ce général l'ordre donné au

(1) Voici le texte de ce dernier ordre, qui eût été décisif à une heure, mais qui fit plus de mal que de bien, ainsi qu'on le verra :

« Au bivac de Fleurus, à 3 heures 1/4 3 heures 1/2.

« À MONSIEUR LE MARÉCHAL NEY.

« Je vous ai écrit, il y a une heure, que l'Empereur ferait attaquer l'ennemi dans la position qu'il a prise entre les villages de Saint-Amand et de Bry; en ce moment l'engagement est très-prononcé : Sa Majesté me charge de vous dire que vous devez manœuvrer sur-le-champ, de manière à envelopper la droite de l'ennemi, et tomber à bras raccourcis sur ses derrières : cette armée est perdue si vous agissez vigoureusement. Le sort de la France est dans vos mains; ainsi n'hésitez pas un instant pour faire le mouvement que l'Empereur vous ordonne, et dirigez-vous sur les hauteurs de Bry et de Saint-Amand pour concourir à une victoire peut-être décisive : l'ennemi est pris en flagrant délit au moment où il cherche à se réunir avec les Anglais.

« DUC DE DALMATIE. »

maréchal Ney, en lui prescrivant d'en commencer de suite l'exécution.

Tandis que ceci se passait, le combat engagé sur toute la ligne continuait avec acharnement. Une seconde attaque de Vandamme sur Saint-Amand, favorisée par la division Girard, qui avait franchi le ravin et débordé l'ennemi, mit les Français en possession de ce village; mais le brave Girard paya de la vie un succès qui ne fut pas de longue durée; car Blücher y ayant porté une partie de ses réserves, le village de Saint-Amand fut repris et disputé avec acharnement.

On combattit avec plus de fureur encore à Ligny, que Gérard avait emporté plusieurs fois sans pouvoir le conserver : forcé à laisser la division Hulot en observation sur sa droite, et réduit ainsi à 10,000 combattants, il se maintint, avec la plus brillante valeur, contre plus de 20,000 Prussiens, dans la partie inférieure du village, jusqu'au ruisseau qui le coupe en deux.

La garde, placée au centre, en arrière de ces deux attaques, se disposait à soutenir l'une ou l'autre. A l'extrême droite, Excelmans manœuvrait habilement pour empêcher la gauche des Prussiens de déboucher de Tongrenelle, tandis que Pajol observait Boignée, et les cuirassiers de Milhaud soutenaient la droite de Gérard.

Les choses en étaient là vers les cinq heures et demie, et Napoléon attendait avec une juste impatience d'apprendre ce qu'il pouvait espérer du mouvement prescrit à Ney, car le bruit d'une violente canonnade et le vent l'empêchaient d'entendre l'atta-

que des Quatre-Bras ; l'Empereur se disposait à faire
donner sa garde, lorsqu'un rapport du général Vandamme lui apprit, dit-on, qu'une forte colonne se montrait dans la direction de Wagnelée, et que la division
Girard, privée de son général, et attaquée en même
temps par des forces supérieures, avait dû se retirer
vers Saint-Amand le Hameau. Le général Vandamme
annonçait qu'il avait d'abord pris cette colonne pour
le détachement que Ney devait porter sur Marbais ;
mais comme elle était beaucoup plus considérable, et
que les éclaireurs l'avaient reconnue pour ennemie,
il menaçait de battre en retraite s'il n'était promptement soutenu.

Quoiqu'il fût difficile de comprendre comment une
colonne aurait pu se glisser entre Ney et Napoléon,
ce pouvait être néanmoins un renfort envoyé des
Quatre-Bras à Blücher, ou bien un corps de sa propre armée qui, ayant fait un mouvement par l'ancienne chaussée romaine au delà de Wagnelée, venait
tourner la gauche de Vandamme (1). Napoléon, avant
de passer outre, crut devoir s'en assurer. La relation
venue de Sainte-Hélène, en exposant ces faits, affirme
que l'Empereur suspendit à cet effet sa grande attaque, et envoya son aide de camp Dejean pour reconnaître ce qui en était (2). Cet officier, assure-t-on,
annonça, au bout d'une heure seulement, que c'était

(1) Cette chaussée romaine, qui coupe les deux chaussées de
Bruxelles et de Namur, quitte la dernière entre Bry et Marbais,
passe à une demi-lieue au nord de Wagnelée, et atteint la chaussée de Bruxelles entre Frasnes et Gosselies.

(2) Dans une lettre adressée par le général Dejean à la famille
du maréchal Ney, il nie d'avoir eu pareille mission : peut-être

le corps du comte d'Erlon qui, au lieu de marcher
dans la direction du nord vers Bry ou Marbais, s'é-
tait rabattu trop au sud vers celle de Villers-Perwin,
attiré sans doute par le bruit de 200 à 300 pièces de
canon qui tonnaient du côté de Saint-Amand. Ces
assertions ont été en partie contestées, et, en historien impartial, je dois l'avouer, on n'aperçoit ici que
doute et confusion. Dès que Napoléon avait ordonné
un mouvement pour porter son aile gauche de la
route de Bruxelles dans la direction de Bry, il était
évident que cette colonne devait être celle qu'on attendait : la surprise manifestée à ce sujet doit donc
paraître un peu extraordinaire. Toutefois, s'il est
vrai que Vandamme donna formellement cette colonne
pour ennemie, il était au moins prudent de s'en assurer, et dès lors la mission contestée du général Dé-
jean aurait été des plus naturelles ; mais il fallait du
moins y joindre la mission positive de diriger ces
troupes sur Bry, ce qui ne fut pas fait. Cet oubli,
quoi qu'on puisse alléguer, était une faute manifeste.
On dira que Napoléon put voir dans la présence du
corps d'Erlon une indication suffisante de la prochaine arrivée du maréchal Ney, auquel il voulut
sans doute laisser le soin de diriger lui-même ses colonnes : cela se conçoit, mais ne saurait le justifier
entièrement ; car la fausse direction que ces forces
venaient de prendre exigeait que l'Empereur préci-
sât, dans tous les cas, ce qu'elles avaient à faire
pour remplir ses vues. Nous verrons plus tard le

fut-elle confiée à un autre aide de camp, ce qu'il m'a été impossible de vérifier.

triste rôle que ces quatre belles divisions jouèrent.

Quoi qu'il en soit, Napoléon se mit en marche pour Ligny avec sa garde vers six heures et demie, afin de frapper sur les Prussiens un coup vigoureux, qu'il eût dépendu de lui de leur porter dès trois heures avec plus de chance de succès. La grande confiance avec laquelle il opéra cette belle attaque, autorise du reste à croire qu'en l'ordonnant il comptait fermement que le concours d'une grande partie des troupes de Ney ne lui manquerait pas, et que la colonne qui avait donné tant d'inquiétude à Vandamme allait bientôt en causer davantage à Blücher.

Après sept heures du soir, Napoléon déboucha impétueusement par le village de Ligny avec une division de la garde, secondée par l'infanterie de Gérard, la garde à cheval et les cuirassiers de Milhaud : le centre de l'ennemi fut enfoncé et rejeté en partie sur Sombreffe, en partie sur Bry.

Les Prussiens s'étaient très-bien battus durant toute la journée; mais Blücher, privé d'une réserve générale de cavalerie, n'avait plus auprès de lui la moindre infanterie à opposer à ce torrent; car, voyant le départ de la garde des environs de Saint-Amand, et prenant ce mouvement pour un commencement de retraite, il s'était dirigé avec ce qui lui restait sur Saint-Amand, dans l'espoir de poursuivre les Français. Bientôt détrompé, il accourut avec le peu de cavalerie qu'il put réunir à la hâte. Mais à quoi sert le courage d'un général en chef dans une pareille mêlée? Son cheval, tué d'un coup de feu, tomba sur lui au moment du désordre; le maréchal resta dix minutes au pouvoir des cuirassiers français

sans qu'ils s'en doutassent, et parvint, par la présence
d'esprit de son aide de camp Nostitz, à regagner Bry
sur un cheval de lancier. Ce fut un malheur pour les
uns et un bonheur pour les autres qu'on ne l'eût pas
connu, sa prise eût peut-être influé sur les journées
suivantes.

Du reste, ce brillant coup de vigueur, frappé malheureusement un peu trop tard, fût arrêté en partie par la nuit qui survint, en partie par le mouvement que la gauche intacte de Blücher fit du côté de
Sombreffe ; enfin, par la bonne contenance que les
débris de Ziethen et de Pirch firent entre Sombreffe
et Bry.

Ney est repoussé aux Quatre-Bras.

Tandis que les troupes impériales sortaient si glorieusement d'une attaque difficile et périlleuse, Ney
n'était pas aussi heureux aux Quatre-Bras.

Arrivé à deux heures devant cette position avec les
trois faibles divisions du corps de Reille, la division
de cavalerie légère de Piré, et une brigade de cuirassiers amenée par Kellermann, le maréchal se borna
à tirailler avec l'ennemi jusqu'à trois heures, que le
bruit du canon de Saint-Amand lui fit prendre la résolution d'aborder franchement les alliés. Mais depuis
le matin les choses avaient bien changé de face. Le
général Perponcher, connaissant combien le point
des Quatre-Bras était important pour assurer le rassemblement des différents corps de l'armée anglo-
néerlandaise, et faciliter ensuite sa jonction avec les
Prussiens, y avait pris position avec sa division et la

13.

brigade du prince de Weimar (en tout 9,000 hommes). Ces forces, dont le prince d'Orange prit le commandement, eussent été bien facilement accablées si on les eût attaquées avec deux corps d'armée dès le matin. Wellington, arrivé à onze heures sur les lieux, avait ordonné de retirer les avant-postes engagés vers Frasnes avec ceux de Ney, afin de ne pas se laisser entraîner dans un combat inégal avant l'arrivée des renforts accourant de toutes parts. Le duc se rendit ensuite à Bry pour s'aboucher avec Blücher, et revint entre deux et trois heures. Au moment où Ney lança les divisions de Reille sur l'ennemi, la division anglaise de Picton, partie de Bruxelles, arrivait sur le champ de bataille, et était suivie de près par celle du duc de Brunswick. Cependant Ney fondit sur les alliés avec sa vigueur accoutumée. La division Foy, à gauche, marcha sur les Quatre-Bras et Germioncourt, tandis que celle de Bachelu attaquait le village de Piermont. Celle du prince Jérôme entra plus tard en action en attaquant le bois de Bossut à l'extrême gauche. Partout les troupes françaises poussèrent l'ennemi avec vigueur.

Wellington, certain de la prochaine arrivée de ses renforts, reçut ces attaques avec son sang-froid ordinaire; ce qui n'empêcha pas les troupes du prince d'Orange et de Picton de céder ces postes après avoir fait des pertes sensibles. L'arrivée du corps de Brunswick rétablit bientôt la balance; on se disputait le champ de bataille avec acharnement; et le duc de Brunswick lui-même tomba, percé de balles, au milieu des efforts qu'il fit pour le conserver.

Derniers efforts de Ney.

Les choses en étaient là, lorsque Ney reçut l'ordre du major général et l'avis que le corps d'Erlon avait dû se porter directement sur Bry. Le maréchal n'avait plus un homme d'infanterie en réserve ; il voyait sans cesse les masses ennemies s'augmenter, il ne lui restait de ressource que dans une charge de ses cuirassiers, et il en avait laissé la plus grande partie avec Erlon près de Frasnes. Le maréchal, courant néanmoins au duc de Valmy, lui dit : « Mon cher « général, il s'agit ici du salut de la France, il faut « un effort extraordinaire ; prenez votre cavalerie, « jetez-vous au milieu de l'armée anglaise, enfoncez- « la ; je vous ferai soutenir par Piré. » A ces mots, Kellermann se précipite sans hésiter à la tête de cette brigade de braves, culbute le 69ᵐᵉ régiment, enlève les batteries, et perce à travers deux lignes jusqu'à la ferme des Quatre-Bras, où la réserve d'infanterie anglaise, hanovrienne et belge, l'accueille avec un feu si meurtrier, que ses soldats sont forcés de courir au loin pour chercher les moyens de se tirer d'un si mauvais pas. Kellermann, ayant eu lui-même son cheval tué, resta démonté au milieu des Anglais, d'où il eut beaucoup de peine à rejoindre les siens.

L'infanterie française, excitée par cette belle charge, renouvelle ses efforts sur les Quatre-Bras et le bois de Bossut, dont la division du prince Jérôme avait occupé la majeure partie. Mais, dans ce moment critique, la division des gardes anglaises et celle du général Alten, entrant en ligne, après une marche forcée, donnèrent à Wellington une telle supériorité, qu'il n'y avait plus rien à espérer. Ney, à la vérité, avait bien envoyé à Erlon l'ordre impératif d'accourir à son secours au lieu de se porter sur Bry; mais ce corps, qui était venu jusque près de Saint-Amand, était trop éloigné pour arriver à temps, en sorte que le maréchal dut se replier sur Frasnes pour aller à sa rencontre, après avoir perdu 4,000 hommes hors de combat : les alliés, n'étant entrés en action que successivement, en avaient perdu 5,000. Wellington le fit suivre d'abord avec quelque vigueur, mais la division de cuirassiers de Roussel protégea sa retraite.

Chaque lecteur, en suivant avec attention la marche successive des mouvements que je viens d'indiquer, jugera avec quelle fatalité le corps d'Erlon se promena inutilement sur toute la ligne, et ne vint, ni à Bry, où il eût rendu la victoire complète, ni aux Quatre-Bras, où il eût empêché la défaite de Ney.

On aura remarqué aussi quelle étrange destinée présida à toutes les opérations de cette aile gauche, dont la marche, par le fait, se trouva tour à tour ou trop lente ou trop hâtive. Si elle eût été dirigée dès le 15 au soir, ou du moins dès le 16 au point du jour, sur les Quatre-Bras, elle y serait arrivée à temps pour écraser la division Perponcher qui s'y trouvait isolée, et pour détacher deux divisions sur Marbais et Bry, afin d'achever la défaite de Blücher. Mais lorsque, après trois heures, on prescrivit au maréchal Ney de marcher lui-même vers Bry pour envelopper les Prussiens, la chose était impossible, parce qu'il se trouvait, depuis une heure, engagé aux Quatre-Bras; en sorte qu'il eût été préférable que ses deux corps fussent demeurés à Frasnes au lieu d'avoir poussé si loin. Il y eut beaucoup de fatalité et du temps perdu par la faute de tout le monde (1).

Avant de passer aux événements qui suivirent, je dois observer ici que d'Erlon, rappelé avec instance par Ney, lorsqu'il se trouvait déjà au delà de Villers-Perwin, marcha, pour le joindre, avec trois divisions et la cavalerie légère de la garde, laissant la division Durutte entre Villers-Perwin et Saint-Amand, pour le cas où Napoléon réclamerait de nouveau une coopération sur Bry. Cette division resta là toute la nuit, dans une complète inaction, sur le flanc de l'arrière-garde laissée par Blücher dans ce village, qu'elle occupa jusqu'à une heure du matin, tandis que le corps de Ziethen se retirait, à la faveur des ténèbres, sur Gilly, celui de Pirch sur Gentinne, et que la gauche, sous les ordres de Thielmann, prenait la direction de Gembloux.

Au point du jour, l'arrière-garde de Blücher avait disparu de Bry; celle de Thielmann fut aperçue par les éclaireurs sur la route de Sombreffe à Corroy-le-Château, direction de Gembloux, intermédiaire entre

---

(1) Napoléon aurait pu pousser le 15 jusqu'à Fleurus, ou s'en emparer dès le 16 à cinq heures du matin; il eût ainsi reconnu la position de Blücher avant d'envoyer Flahaut au maréchal Ney. Pour remporter une victoire complète le 16, il aurait fallu y faire concourir les corps de Lobau et d'Erlon, et ne porter qu'un corps d'infanterie et un de cavalerie aux Quatre-Bras. Pour cela, il aurait fallu faire à huit heures la reconnaissance que l'empereur ne fit qu'à midi.

la route de Namur et celle de Bruxelles par Wavre. Blücher, qui avait eu peut-être tort d'accepter isolément la bataille après trois heures, au lieu de se retirer alors derrière la Dyle par Bousval et Mont-Saint-Guibert, afin de se mettre en ligne avec les forces anglaises qui se réuniraient à Genappe, sentit qu'il fallait réparer promptement ce qu'il y avait eu de malheureux dans la défaite partielle de son armée, et ne pouvant plus espérer de gagner directement Bousval, il résolut de se rallier au corps intact de Bulow, qui devait être arrivé dans la nuit à Gembloux, et de marcher par Wavre à la rencontre des Anglais. En conséquence, Thielmann reçut l'ordre de se diriger sur Gembloux pour se rallier à Bulow ; les corps de Ziethen et de Pirch se replièrent par Mont-Saint-Guibert sur Bierge et Aisemont. Le maréchal prussien dépêcha, le 17, son chef d'état-major au duc de Wellington, pour concerter les moyens d'assurer la jonction tant désirée, soit en avant, soit en arrière de la forêt de Soignes.

La victoire que les Français venaient de remporter à Ligny était glorieuse, car ils avaient combattu avec 60,000 hommes contre 90,000. Ils devaient cependant en partie ce succès à deux incidents que l'empereur ne connut pas : le premier, c'est que la présence de la cavalerie de Grouchy à sa droite, vers Boignée, avait paralysé les 25,000 hommes de Thielmann, laissés vers Tongrinne et Mont-Potriau, sans doute dans la crainte qu'il ne s'emparât de la route de Namur, ce qui eût coupé le corps de Bulow de l'armée, et celle-ci de sa ligne naturelle d'opération. Le second incident fut, comme je l'ai déjà dit,

que le mouvement de la garde, exécuté de Saint-
Amand vers Ligny au moment où Blücher avait engagé jusqu'à quarante bataillons à Saint-Amand, fit
supposer à ce général que Napoléon, rebuté de n'a-
voir pu forcer aucun des points de sa position, commençait à battre en retraite : dans cette idée, le maréchal prussien résolut de s'avancer en personne,
avec ce qui lui restait de réserves, pour percer entre
Saint-Amand et Wagnelée, à l'instant même où les
réserves impériales se jetaient sur Ligny ; en sorte
que son centre se trouva dégarni de tout soutien, au
moment où l'orage allait fondre sur lui. Il résulta de
là un chassé-croisé qui porta le gros des forces prussiennes sur Saint-Amand, au moment décisif où
l'empereur portait les siennes sur Ligny, ce qui assura la victoire à ce dernier.

L'armée française venait de remporter un avantage
qui, en toutes autres circonstances, eût été signalé ;
l'ennemi avait eu, dans les deux journées, de 18,000
à 20,000 tués, blessés, ou prisonniers ; on lui avait
enlevé quarante pièces de canon ; malgré l'échec des
Quatre-Bras, l'armée, pleine d'enthousiasme et de
confiance, eût pu voler à de nouvelles victoires. Il
s'agissait donc de profiter de ces succès et de poursuivre vivement l'ennemi. Napoléon avait ignoré que
Durutte eût passé la nuit sur le flanc de leur ligne de
retraite, et que ses avant-postes eussent entendu fort
distinctement le tapage qu'une telle retraite imprévue
occasionnait par la marche d'un immense matériel et
la confusion des colonnes ; sans cela, il est présuma-
ble qu'il eût pris les mesures pour les serrer de plus
près. Du reste, si les ténèbres contribuèrent à ar-

rêter la poursuite dans la soirée même, elles durent aussi contribuer à augmenter le désordre dans la retraite de l'aile droite ennemie, et si l'on avait agi, en cette occasion, comme les Prussiens le firent deux jours plus tard à Waterloo, on est fondé à croire que les trophées eussent été plus grands, et que l'on eût évité les fautes commises dans les deux journées suivantes (1). Napoléon leur avait donné bien des leçons dans sa vie ; mais ils lui ont appris aussi qu'une poursuite de nuit, malgré ses inconvénients, peut avoir de grands avantages.

Journée du 17 juin.

Le 17 au matin, Napoléon attendait avec une égale anxiété des rapports détaillés sur ce que Ney avait fait aux Quatre-Bras, et des nouvelles de Paris, où la disposition hostile des chambres ne lui causait pas moins de soucis que l'ardeur révolutionnaire des sociétés fédérées. En attendant la connaissance exacte de ce qui se passait du côté des Anglais, il ordonna à la cavalerie de Pajol de suivre les Prussiens sur la chaussée de Namur, qui était leur ligne d'opérations naturelle, en même temps qu'Excelmans éclairerait la route de Gembloux. La relation de Sainte-Hélène ajoute que le général Monthion fut chargé de la poursuite sur la gauche, c'est-à-dire dans la direction de

(1) Les troupes prussiennes, qui tenaient Bry à leur droite et Sombreffe à leur gauche, étaient en bon ordre, et suffisaient pour arrêter toute poursuite trop audacieuse ; cependant il eût été sage de tenter un peu l'attaque à l'entrée de la nuit : on n'avait aucun risque à courir.

Tilly et Mont-Saint-Guibert. L'Empereur donna ensuite ses soins à l'administration, fit la revue des
troupes et du champ de bataille, pour distribuer des
secours à la multitude de blessés des deux partis
dont il était jonché, et qui en avaient d'autant plus
besoin, que les ambulances n'avaient pu suivre les
armées dans les marches forcées qu'elles avaient
faites.

Pour ceux qui se rappellent l'étonnante activité qui
présida aux événements de Ratisbonne en 1809, de
Dresde en 1813, de Champ-Aubert et de Montmirail en 1814, ce nouveau temps perdu sera toujours
une chose inexplicable de la part de Napoléon. Après
un succès comme celui qu'il venait de remporter, il
semble qu'il aurait dû, dès six heures du matin, se
mettre aux trousses des Prussiens, ou bien tomber
de toutes ses forces sur Wellington, dont la réserve
de cavalerie, l'artillerie et partie de l'infanterie n'é-
taient arrivées que dans la nuit harassées de fatigue.
La nécessité de ne pas laisser la ligne de retraite de
Charleroi à la merci du général anglais faisait une
loi de se porter de préférence contre lui.

On ne saurait supposer que l'empereur ignorât
entièrement l'échec essuyé par Ney aux Quatre-Bras;
car si le maréchal n'avait pas eu le temps d'en faire
le rapport détaillé, il n'avait sûrement pas oublié son
devoir jusqu'à laisser ignorer le fait en lui-même.
C'était d'ailleurs une raison de plus pour y marcher
sans délais. Au demeurant, on savait bien que Ney
n'avait pu remporter un grand succès, ni éprouver
un grand revers, à cause de l'état de dispersion où
se trouvait l'armée anglo-néerlandaise, et du double

14

mouvement du corps d'Erlon. Laisser la matinée du
17 à Wellington pour se reconnaître, était donc une
faute plus réelle peut-être, que de laisser celle du 16
à Blücher comme on l'avait fait. Nous dirons plus
tard quel en fut le résultat. Sans doute l'Empereur
eut de puissants motifs pour se résigner à un pareil
délai, qui ne pouvait être que funeste; mais ces motifs ne sont jamais venus jusqu'à moi.

Ordre donné à Grouchy pour poursuivre les Prussiens.

Napoléon ayant enfin reçu, par son aide de camp
Flahaut, les détails du malheureux combat des Quatre-Bras, en même temps que Pajol annonçait la
prise de quelques canons prussiens à Mazy, sur la
route de Namur, il résolut, vers onze heures seulement, de se porter, avec sa réserve et Ney, contre
les Anglais, tandis que Grouchy, avec ses sept divisions d'infanterie et ses deux corps de cavalerie,
poursuivrait vivement les Prussiens. Ici se présente
une des circonstances les plus graves de cette campagne, et qu'il est de mon devoir d'exposer avec
toute la franchise et l'impartialité qu'un historien
consciencieux doit professer.

La relation de Sainte-Hélène affirme que Grouchy,
en recevant verbalement l'ordre de suivre les Prussiens, *sans les perdre de vue,* reçut aussi celui *de
se tenir constamment entre leur armée et la
route de Bruxelles, qu'allait prendre Napoléon,*
c'est-à-dire, de manière à ce que les deux masses
françaises formassent entre elles deux lignes intérieures ou centrales qui pourraient s'entre-secourir,

tout en séparant et divisant les deux armées ennemies. Le maréchal Grouchy, dans une brochure
justificative, déclare « qu'il ne lui fut rien dit de sem-
« blable; qu'il reçut, au contraire, sans autre com-
« mentaire, l'ordre de diriger sa poursuite sur Namur
« et la Meuse; enfin, que s'étant permis de témoi-
« gner le désir de ne pas s'éloigner autant du gros de
« l'armée, Napoléon lui demanda avec humeur *s'il*
« *prétendait lui donner des leçons.* » Le maréchal
cite le général Baudrand comme un témoin prêt à
attester ces faits.

Il serait fort difficile de prononcer entre des assertions aussi contradictoires; tout ce que je puis ajouter, c'est que le major général Soult, écrivant le 17
au matin, au maréchal Ney, au nom de l'Empereur,
l'informait que Grouchy allait poursuivre les Prussiens sur Namur et la Meuse. Cependant, un peu plus
tard, le général Bertrand expédia l'ordre positif de
marcher sur Gembloux. Grouchy se disculpe également en reprochant à l'Empereur les longues heures
employées à la revue du champ de bataille, et pendant lesquelles on perdit les traces de l'armée de
Blücher, qu'on ne retrouva que partiellement. Il ob-
serve encore que l'Empereur s'étant réservé le droit
de disposer lui-même des troupes partout où il se
trouvait, le maréchal n'avait pu, de son chef, prescrire aucune disposition pour cette poursuite, et
qu'il réclama, à plusieurs reprises, des ordres qu'on
ne lui donnait pas (1).

Après avoir exposé les faits allégués par les deux

(1) Il paraît constant que les ordres donnés le 17 au matin aux

partis, sans prétendre les juger, il est de mon devoir
d'observer que l'ordre mentionné dans la relation de
Sainte-Hélène était tellement conforme au système
des lignes intérieures auquel Napoléon avait dû le
plus grand nombre de ses victoires, qu'on ne saurait
révoquer en doute qu'il l'ait effectivement donné :
mais il faut avouer aussi qu'il eût mieux fait, dans
tous les cas possibles, d'assigner positivement à
Grouchy la direction intermédiaire entre Liége et
Bruxelles, qu'il désirait que son aile droite suivit. Il
était évident que Blücher n'avait que trois partis à
prendre, savoir : de se replier sur Liége, de gagner
Maestricht, ou de chercher enfin à se joindre à Wellington pour reprendre l'offensive et se venger de
l'affront essuyé à Ligny. Le dernier était certes le
plus habile, le plus hardi et le plus conforme au caractère du général prussien; mais, pour l'exécuter,
il fallait renoncer en quelque sorte à sa ligne de retraite sur le Rhin : outre cela, comme Blücher avait
pris le chemin de Wavre, il ne pouvait guère effectuer cette jonction que derrière la forêt de Soignes;
car, pour marcher devant cette forêt, il fallait la
longer dans toute son étendue, en prêtant le flanc
aux Français. Napoléon devait croire que l'ennemi
n'oserait point exécuter un mouvement aussi hasardé
en présence de Grouchy qui le talonnait; il devait
donc supposer que si Blücher ne cherchait pas à ga-

différents corps de cavalerie pour la poursuite, furent adressés
directement par l'Empereur à Pajol, à Excelmans et à Monthion.
Ce dernier était aide-major général, et fit ses rapports directe-
tement à l'Empereur; il avait fait éclairer la direction de Tilly et
Mont-Saint-Guibert.

gner Maëstricht ou Liége, il marcherait de Wavre
sur Bruxelles, mouvement qui forcerait Wellington
à se replier aussi sur cette capitale, ou à combattre
seul vers Waterloo.

Dans toutes ces hypothèses, il était convenable de
diriger Grouchy sur Mont-Saint-Guibert et Moustier
dès le 17 au matin; car la vallée de la Dyle étant la
ligne la plus favorable pour couvrir le flanc droit de
Napoléon, Grouchy aurait pu passer cette rivière à
Moustier; de là il eût été facile de l'attirer à Waterloo
pour prendre part à la bataille, ou de le faire marcher à Wavre par la rive gauche, en se flanquant,
du côté de Saint-Lambert, par les dragons d'Excelmans et une division d'infanterie. Par ce moyen,
l'Empereur eût été certain de pouvoir attirer toute
son aile droite à lui, si Wellington acceptait la bataille le 18 devant la forêt de Soignes, et il aurait pu
compter aussi que toute coopération des Prussiens
eût été impossible.

Napoléon marche aux Anglais.

Quoi qu'il en soit, les deux fractions de l'armée
impériale devaient s'ébranler en même temps pour
marcher à leurs destinations respectives. La réserve,
conduite par Napoléon, partit cependant la première
pour joindre Ney et l'aile gauche aux Quatre-Bras,
afin d'attaquer les Anglais, s'ils voulaient tenir: son
avant-garde était partie dès dix heures; la garde
suivit à onze heures. L'aile droite s'ébranla plus
tard; Vandamme, qui en formait la tête, se porta
d'abord au Point-du-Jour (auberge située à l'embran-

14.

chement des routes de Gembloux et de Namur); le
corps de Gérard ne partit de Sombreffe qu'après trois
heures. Le maréchal Grouchy ayant reçu l'ordre de
se porter sur Gembloux, dont nous avons parlé plus
haut, et l'avis que le général Excelmans se trouvait en
présence des Prussiens aux environs de cette ville, y
courut de sa personne, en dirigeant Vandamme et Gérard sur le même point. Pajol seul patrouilla avec ses
hussards et la division Teste sur la direction de Mazy
et Temploux. Nous allons les laisser là, afin de suivre
les opérations de l'armée impériale.

Retraite de l'armée anglaise.

Napoléon, arrivé vers Genappe, y trouva l'arrière-
garde anglaise. Le temps était affreux, les cataractes
du ciel semblaient ouvertes, et cependant les troupes
n'en montraient pas moins une ardeur extrême à
suivre l'ennemi. Le duc de Wellington n'avait appris
que le 17, à huit heures du matin, et par hasard, la
défaite de Blücher (l'officier qui en portait la nouvelle, s'étant égaré dans l'obscurité, avait été tué). On
peut juger quel eût été son embarras si Napoléon
eût marché au point du jour contre lui. Le général
anglais se hâta de mettre en retraite ses *impedi-
menta*, pendant que sa cavalerie exténuée prenait
quelque repos. A dix heures, ses colonnes étaient en
marche sur la chaussée de Bruxelles, protégées par
toute la cavalerie, réunie sous les ordres de lord Uxbridge, qui prit position à Genappe, derrière la Dyle,
pour donner à l'armée le temps de gagner du terrain. Cet officier général déploya dans cette occasion

le même aplomb dont il avait déjà fait preuve en Espagne (1), en chargeant avec les gardes anglaises les téméraires qui voulurent passer le défilé en sa présence. Les Français le suivirent pas à pas jusqu'à la Maison du roi, à la hauteur de Plancenoit, où l'armée arriva à la nuit tombante.

L'ennemi montrait l'intention de se maintenir en avant de la forêt de Soignes. On crut d'abord que ce n'était qu'une forte arrière-garde pour couvrir la marche des colonnes à travers la forêt; on s'aperçut bientôt que l'armée entière se trouvait là; mais comme il était trop tard pour engager une affaire, les différents corps bivaquèrent près de Planchenois. La pluie continua à tomber par torrents jusqu'au lendemain.

A trois heures du matin, l'Empereur fit la tournée des postes, et s'assura que l'armée n'avait pas bougé; Wellington était donc décidé à accepter la bataille; il en fut ravi, regardant comme un véritable coup de fortune pour lui que les deux armées ennemies se présentassent ainsi isolément dans la lice, chacune à son tour.

Ordre donné d'occuper Saint-Lambert.

Cependant, pour profiter avec sécurité de cette heureuse chance, il importait de s'assurer qu'aucune jonction des deux armées ne pourrait désormais

---

(1) Lord Uxbridge est le même personnage qui s'était illustré en Espagne sous le nom de sir Arthur Paget, et qui porte aujourd'hui le titre de marquis d'Anglesey. Il s'était distingué à Benavente et dans plusieurs autres rencontres.

avoir lieu. A cet effet, on affirme que Napoléon avait
expédié à l'entrée de la nuit un courrier à Grouchy,
avec ordre de faire occuper en toute hâte le défilé de
Saint-Lambert, afin que, s'il ne prenait pas une part
active à la fête en tombant sur la gauche des Anglais,
il pût du moins couvrir le flanc droit et leur donner
des inquiétudes. Cet ordre, dont l'existence a été
contestée, fut adressé à Wavre, dans la conviction
que le maréchal aurait atteint cette ville dans la journée du 17, puisqu'il n'avait que sept à huit lieues à
faire depuis Sombreffe (1). Au milieu de la nuit, l'Empereur reçut le rapport de ce maréchal, annonçant
qu'arrivé à Gembloux à cinq heures du soir, il y pas-
serait la nuit, bien qu'il n'eût fait que deux lieues; dès
lors il était clair qu'il ne recevrait pas l'ordre adressé

(1) Quelques personnes ont été étonnées de ce que Napoléon
supposa Grouchy déjà arrivé à Wavre le 17, puisqu'ils ne s'étaient
séparés que vers midi, et qu'il fallait bien deux heures aux
troupes, qui n'y étaient point préparées, pour se mettre en
marche. Il y a du pour et du contre dans ces dires. Napoléon,
parti de Ligny, poussa jusqu'à la Belle-Alliance : or Grouchy,
n'ayant qu'une lieue de plus à faire pour gagner Wavre, aurait
bien pu y arriver à la rigueur. Ce qui serait étonnant, c'est que
l'on eût supposé Grouchy à Wavre, si on l'avait d'abord dirigé
sur Namur, comme la correspondance du major général le ferait
croire; puis ensuite sur Gembloux, comme la lettre du général
Bertrand le prouve. Quoi qu'il en soit, l'ordre cité ne se trouve
point sur les registres de l'état-major; et du reste, il n'arriva pas
à sa destination, l'officier ayant dû tomber de nuit au milieu des
postes prussiens, qui le tuèrent... Quant à la confirmation de
cet ordre, on n'en trouve aucune trace, à moins qu'il ne s'agisse
d'une lettre du major général, écrite à dix heures du matin au
Gros-Caillou, et que Grouchy reçut à quatre heures du soir devant
Wavre.

à Wavre. S'il faut en croire la même relation, on lui
en fit expédier la confirmation sur la route de Gembloux, espérant qu'il la recevrait à temps.

Intérêt réel d'attaquer les Anglais.

L'armée française était harassée par les pluies, les
mauvais chemins et les marches forcées. Napoléon
aurait pu trouver quelque intérêt à lui donner du
repos, et à déloger ensuite Wellington par des ma-
nœuvres ; mais 300,000 ennemis allaient envahir la
Lorraine et rappeler le chef de l'État avec ses principales forces sur la Moselle ; d'un autre côté, Blücher allait bientôt se rallier, se renforcer, et tout
exigeait ainsi d'en finir le plus tôt possible avec les
Anglais.

L'Empereur avait reconnu leur position ; ils occupaient, en avant de Mont-Saint-Jean, un beau plateau, dont le talus en glacis était favorable au feu, et
d'où ils découvraient tous les mouvements des Français. La droite s'étendait jusque derrière Braine-l'Alleud, et un corps néerlandais de 15,000 hommes
était encore détaché jusqu'à Hal pour couvrir la
chaussée de Mons à Bruxelles. La position en elle-
même avait de grands avantages défensifs, car les
villages de Braine et de Merbès, le château d'Hougoumont, la Haie-Sainte, la Haie et Frichermont,
formaient comme des bastions avancés qui empêchaient d'aborder la ligne : mais elle se trouvait
adossée à la vaste forêt de Soignes ; or, Napoléon
pensait que si c'est un avantage pour une arrière-
garde d'être ainsi postée, attendu que le défilé pro-

tége sa retraite, il n'en est pas de même pour une grande armée, avec son immense matériel et sa nombreuse cavalerie, n'ayant pour issue qu'une chaussée étroite et deux traverses encombrées de parcs, de blessés, etc., etc. (1); il croyait donc toutes les chances pour lui.

Dispositions pour attaquer les Anglais.

L'opportunité de livrer bataille étant bien reconnue, restait à savoir quel système serait le plus convenable pour attaquer les Anglais. Manœuvrer par la gauche pour déborder leur droite était difficile et ne menait à rien de décisif; ce n'était pas une bonne direction stratégique, puisque cela éloignait entièrement du centre d'opération, qui se rattachait naturellement par la droite à Grouchy et au chemin de Lorraine : outre cela, l'aile droite ennemie était protégée par la ferme d'*Hougoumont* et par les deux grands bourgs de Braine-l'Alleud et de Merbe-Braine.

Attaquer avec la droite pour écraser la gauche des Anglais était bien préférable, puisque cela maintiendrait en relation directe ou en ligne intérieure avec Grouchy, et empêcherait la jonction des deux armées ennemies; mais pour gagner en masse cette extrême gauche, il aurait fallu s'étendre au delà de Frichermont, laisser à découvert la ligne de retraite,

(1) Ceci est une des plus graves questions de la grande tactique des batailles. Le général Jomini l'a discutée dans son dernier *Précis de l'Art de la Guerre*, et penche pour l'opinion de Wellington contre celle de Napoléon.

et se jeter dans le pays fourré de Saint-Lambert, où une défaite eût été sans remède.

Il restait à Napoléon un parti moyen à prendre, celui de renouveler la manœuvre de Wagram et de la Moscowa (Borodino), c'est-à-dire d'assaillir la gauche en même temps qu'il enfoncerait le centre. C'est un des meilleurs systèmes de bataille que l'on puisse adopter, et il lui avait souvent réussi. Forcer uniquement le centre est difficile et dangereux, à moins que le centre ne se trouve un point faible et dégarni, comme à Austerlitz, à Rivoli, à Montenotte ; or, on ne trouve pas toujours des ennemis assez complaisants pour vous procurer un tel avantage, et il serait absurde de l'espérer contre une armée qui suit un bon système, ou plutôt qui connaît les principes de la guerre. Mais faire effort sur une aile, la déborder et fondre en même temps avec une masse sur le point où cette aile se rattache au centre, c'est une opération toujours avantageuse quand elle est bien exécutée.

Napoléon résolut donc de la tenter. Toutefois, au lieu de réunir le gros de ses masses contre la gauche, comme à Borodino, il les dirigea sur le centre ; l'extrême gauche ne dut être assaillie que par la division formant la droite du corps d'Erlon, qui attaquerait Papelotte et la Haie ; Ney dut conduire les trois autres divisions à droite de la Haie-Sainte (1) ; le corps de Reille appuierait ce mouvement à gauche de la chaussée de Mont-Saint-Jean ; les divisions Bachelu

---

(1) Il importe de ne pas confondre la Haie-Sainte qui se trouvait au centre, avec la Haie qui se trouvait à l'aile gauche des alliés.

et Foy entre cette chaussée et la ferme d'Hougoumont ;
celle de Jérôme, conduite de fait par Guilleminot,
attaquerait cette ferme, point saillant de la ligne ennemie, dont Wellington avait fait créneler le château
et le parc, et où il avait placé les gardes anglaises.
Le comte de Lobau, avec le 6ᵉ corps et une masse
de cavalerie, suivrait en troisième et quatrième ligne
au centre, à droite et à gauche de la chaussée, pour
appuyer l'effort de Ney sur la Haie-Sainte : enfin,
vingt-quatre bataillons de gardes et les cuirassiers du
duc de Valmy seconderaient au besoin ce choc décisif en cinquième et sixième ligne.

Tel fut le plan que plusieurs incidents vinrent dé-
ranger, et que Napoléon peut livrer sans crainte à
l'examen des maîtres de l'art. Il ne pouvait rien faire
de mieux, si ce n'est de porter ses réserves un peu
plus près de sa droite, pour donner plus de vigueur à l'effort entre Papelotte et la chaussée de
Charleroi.

Il eût beaucoup importé à la réussite de ce projet
de pouvoir brusquer l'attaque dès le matin ; mais des
torrents de pluie étaient tombés toute la nuit ; le
temps commençait à se remettre ; il fallait quelques
heures pour donner un peu de consistance aux terres
détrempées : elles furent employées à former l'armée
dans sa position (1).

(1) Nous ne pouvons partager cette opinion, qui a été émise
par Napoléon dans le livre IX, venu de Sainte-Hélène ; lors
même qu'un beau soleil eût succédé à la pluie, quatre heures
n'auraient pas suffi pour sécher un terrain comme celui-là : d'ailleurs ce soleil ne parut pas ; un temps brumeux succéda à l'orage :
rien n'eût donc empêché de donner le **coup de collier** dès **neuf**

Commencement de l'affaire de Waterloo.

La canonnade et la fusillade commencèrent à onze heures contre la ferme d'Hougoumont, que Jérôme chercha à enlever ; il convenait à l'Empereur d'engager l'affaire sur ce point. Peu d'instants après, la cavalerie légère de Ney se présenta vers Frichermont à l'extrémité opposée, où elle échangea quelques coups de canon. On reconnut alors que le ruisseau, quoique étroit et peu encaissé, était très-bourbeux, et qu'il faudrait le tourner à l'ouest de Smohain, vu qu'on aurait de la peine à le passer plus bas en face des batteries ennemies. Ney, obligé ainsi de rabattre une partie de sa droite sur le centre, parvint enfin à former ces quatre divisions du corps d'Erlon, et ce ne fut qu'après des efforts inouïs que son artillerie réussit à se placer dans les terres détrempées, où les pièces enfonçaient jusqu'au milieu des roues.

On signale l'arrivée des Prussiens.

Le maréchal engagea aussitôt une vive canonnade contre la gauche ennemie, et n'attendait plus que le signal pour fondre sur elle. Napoléon allait le donner après midi, lorsqu'on découvrit des colonnes assez

heures du matin ; on l'aurait pu comme à une heure, et les Prussiens seraient arrivés après coup. Dans la situation des affaires, ce retard de quatre heures fut une faute ; mais on ne s'attendait nullement à l'arrivée de Blücher, et on voulait laisser respirer les troupes... Voilà la vérité.

15

fortes sur la droite, dans la direction de Lasne et de
Saint-Lambert; ce pouvait être l'ennemi, ou bien
le détachement demandé à Grouchy. L'Empereur
poussa aussitôt 3,000 chevaux sous le général d'Ho-
mond vers Pajeau, afin de reconnaître promptement
l'état des choses, de couvrir le flanc au besoin si c'é-
tait l'ennemi, ou d'opérer la jonction avec Grouchy,
si c'était lui qui arrivait (1). Il importait de ne rien
entreprendre avant d'avoir reçu le rapport de cette
reconnaissance. On amena bientôt après un hussard
prussien avec une lettre interceptée; il annonçait
l'approche du corps de Bulow, dont il estimait la
force à 30,000 hommes.

Napoléon se décide à brusquer l'attaque des Anglais.

Malgré ce fâcheux contre-temps, rien ne paraissait
désespéré. En toute autre circonstance, il eût peut-
être été convenable de différer la bataille ; mais que
faire? le fer était engagé ; il fallait ou continuer à
combattre, ou décamper honteusement devant Wellington, avec qui Napoléon se mesurait pour la première fois. A part le point d'honneur, quel effet moral
produirait sa retraite, s'il fuyait sans tirer l'épée devant les Anglais? Que pourrait-on espérer de sa cause,

(1) Il était difficile de croire que ce fût Grouchy, d'après les
rapports qu'on avait reçus de lui dans la nuit... Toutefois, s'il eût
pris, le 18 de grand matin, la route de Moustier, au lieu de celle
de Wavre par Sart-lez-Walhain, la chose n'était pas impossible. Du
reste, ces colonnes, reconnues à peu près vers midi, n'étaient que
l'avant-garde de Bulow ; le corps n'arriva qu'à quatre heures, à
cause d'un violent incendie qui l'empêcha de défiler par Wavre.

alors que les Russes, les Autrichiens, et tout l'Empire germanique fondraient sur la Lorraine, les Austro-Sardes sur le Dauphiné, les Suisses sur la Franche-Comté, les Espagnols sur le Languedoc ? Si Bulow venait avec une vingtaine de mille hommes, on devait croire qu'il était suivi de près par Grouchy, et, dans ce cas, l'arrivée de ce nouvel ennemi ne changerait aucune des chances de la bataille.

L'Empereur ordonne donc à Ney de commencer l'attaque, et, pour garantir le flanc menacé, il porte les deux divisions du comte de Lobau, en potence, vers Plancenoit, où elles pourront au besoin servir de réserve à Ney, ou bien être en mesure de s'opposer à Bulow. Si celui-ci était vivement talonné par Grouchy, le corps prussien se trouverait ainsi pris entre deux feux dans un coupe-gorge, et deviendrait un trophée de plus pour le vainqueur.

Près de cent bouches à feu tonnent sur le centre de l'ennemi à droite et à gauche de la Haie-Sainte : c'est là que l'effort principal doit se faire ; et si Ney, secondé par Lobau et par la garde, parvient à pénétrer ici comme il avait pénétré à Friedland, on s'emparera du point où la chaussée entre dans la forêt de Soignes, qui est la seule retraite de l'ennemi. Mais bientôt l'appui du comte de Lobau va manquer à ce vigoureux coup de collier, et en rendre le succès douteux.

Première attaque de Ney au centre.

Vers une heure, Ney s'élance donc à la tête du corps d'Erlon, qui se ploie en colonnes par divisions

pour franchir plus vivement l'espace qui le séparait
de l'ennemi (1). Ce mouvement, exécuté en masses
serrées et trop profondes sous un feu meurtrier et
dans une boue horrible, se fit avec un peu de flottement ; une partie de son artillerie resta derrière, et
continua à contre-battre de loin celle de l'ennemi
pendant que l'infanterie passait le ravin. Bien que
la formation en colonnes eût laissé entre les divisions des intervalles assez considérables, ils n'étaient
pas suffisants toutefois pour les déployer. Les relations publiées jusqu'à ce jour diffèrent d'ailleurs
beaucoup entre elles sur la manière dont cette première attaque s'exécuta : les unes font marcher les
quatre divisions du corps d'Erlon, ainsi formées en
autant de masses, en échelons la gauche en avant,
directement sur la position de l'aile gauche alliée,
méprisant le poste de la Haie-Sainte qu'elles lais-
saient derrière elles.

D'autres font marcher la 2ᵉ division du corps d'Erlon sur ce poste, et la 4ᵉ sur celui de Smohain, presque simultanément avec l'attaque de la position.

Quoi qu'il en soit, j'ai tout lieu de croire qu'en
effet trois divisions en colonnes profondes s'ébranlèrent en même temps pour fondre sur la position
occupée en première ligne par les Belges du général

_____

(1) Il paraît que chaque division formait une seule masse de
huit à dix bataillons, marchant l'un derrière l'autre. On ignore
si tous ces bataillons étaient formés en colonnes d'attaque ou
déployés sur huit à dix lignes, mais ils formaient une masse très-
profonde. Il paraît aussi que la division Marcognet fit un mouvement de flanc pour se rapprocher du centre, et qu'il y eut du
flottement dont les Anglais profitèrent.

Perponcher, à droite de la chaussée de Mont-Saint-Jean, tandis que la division Durutte marchait sur Smohain, ou du moins contenait l'extrême gauche de l'ennemi de ce côté, de concert avec la cavalerie légère de Jaquinot (1).

Bravant toutes les difficultés qu'offraient les terres détrempées pour mouvoir des masses ainsi agglomérées, et le feu d'une artillerie formidable, les 1re et 3e divisions avaient atteint la première ligne ennemie au point où se trouvait la brigade belge du général Bylandt (division Perponcher), qu'elles enfoncèrent à la suite d'un choc vigoureux. Mais loin d'avoir accompli leur tâche, elles se trouvèrent assaillies subitement par la division anglaise de Picton, placée en seconde ligne, et couchée derrière un pli de ter-

(1) Il règne une grande confusion dans toutes les relations publiées jusqu'à ce jour sur la bataille de Waterloo. Les uns font attaquer la gauche de la position par les quatre divisions très-rapprochées ; d'autres disent que celle de Durutte marcha sur Smohain, et celle de Quiot sur la Haie-Sainte. Il paraît que l'ordre de bataille d'Erlon fut interverti, et que sa 1re division, au lieu d'être à droite vers Smohain, forma la gauche à la Haie-Sainte. Les *Victoires et Conquêtes* parlent d'une *grande colonne* formée des 2e et 3e divisions (Donzelot et Marcognet). Ce serait alors celle de Quiot, c'est-à-dire la première, qui aurait attaqué la Haie-Sainte. Cependant les auteurs allemands portent autant de colonnes que de divisions ; ils parlent d'une brigade de cuirassiers de Valmy ou de Milhaud, qui seconda cette première attaque, et les relations françaises n'en disent mot. On dit que les aigles des 45e et 105e régiments furent prises sur la grande colonne : or, un de ces régiments appartenait à la 1re division, et l'autre à la 5e. Enfin, d'autres versions feraient croire que Durutte ne marcha qu'à quatre heures sur Smohain. Il est impossible de se reconnaître dans un pareil chaos.

15.

rain qui la favorisait. Alors un combat furieux s'engage ; l'infanterie anglaise déployée enveloppe de son feu concentrique la tête et les flancs de cette lourde masse, qui ne peut lui opposer que quelques coups de fusil, plus propres à suspendre son élan, qu'à causer des pertes à l'ennemi. Le général Picton tombe frappé à mort ; mais ses troupes tiennent ferme, et la colonne française, arrêtée par leur feu meurtrier, commence à tourbillonner et à s'ébranler. Dans cet instant, lord Uxbridge lance la cavalerie anglaise du général Ponsonby, pour la charger en flanc, et y sème le désordre : enhardis par ce succès, les escadrons anglais se jettent dans l'intervalle entre la 2ᵉ et la 3ᵉ colonne, sur laquelle ils obtiennent le même avantage ; enfin, entraînés dans leur ardeur, ces escadrons se précipitent jusque sur l'artillerie de réserve de Ney, dont une partie est restée en arrière à cause des boues ; ils sabrent les soldats du train et les canonniers, emmènent les chevaux, et privent ainsi l'infanterie d'une partie de son canon. Napoléon lance contre ces téméraires les cuirassiers de Milhaud, soutenus d'une brigade de lanciers ; en peu de minutes cette cavalerie ennemie est détruite, Ponsonby tué ; mais l'infanterie française a été ébranlée, et une partie du canon est devenue immobile.

Dans ces entrefaites, Ney avait fait attaquer la ferme de la Haie-Sainte par une brigade du corps d'Erlon, qui y avait d'abord éprouvé une vive résistance et des pertes sensibles.

La gauche attaque Hougoumont.

Tandis que ces choses se passaient contre la gauche des alliés, et sur le point où cette aile se liait au
centre, Jérôme Bonaparte, secondé par Foy, avait
délogé avec peine l'ennemi du parc d'Hougoumont; mais tous ses efforts étaient venus se briser
contre le château et la ferme crénelée, où Wellington
conduisit lui-même des renforts aux gardes anglaises
qui défendaient ce poste important avec une valeur
admirable.

Wellington concentre ses masses.

Le duc de Wellington, certain de la prochaine arrivée de toute l'armée de Blücher, et trop heureux
d'avoir gagné la moitié de la journée par le retard de
l'attaque, était décidé à vaincre ou à mourir. Voyant
que tous les efforts se portaient contre son centre et
sa gauche, il se hâta de resserrer sa ligne en appe-
lant, de Braine-l'Alleud et de Merbes, 20 bataillons
belges et brunswickois, qu'il plaça successivement en
réserve derrière la droite et le centre. Puis il conduisit lui-même des renforts aux gardes anglaises,
prêtes à succomber dans Hougoumont, et ranima
leur ardeur.

Le général Foy, de son côté, voulant seconder les
attaques que la division de Jérôme (dirigée par le
général Guilleminot) faisait sur le château, chercha
à dépasser ce poste, et tomba sur la ligne de lord Hill
et des Brunswickois, formés derrière un chemin

creux qui régnait sur une grande partie du front
ennemi, depuis la chaussée de Nivelles jusque vers
Papelotte. Mais, frappé d'une balle à l'épaule, et
voyant ses troupes abîmées par un feu meurtrier,
sans espoir de déloger l'ennemi, Foy dut renoncer
à son projet; le combat dégénéra sur ce point en
canonnade et en feu de tirailleurs, sans avantages
réciproques.

Seconde attaque de Ney.

Dans cet intervalle, Ney avait mis toute son énergie
et sa présence d'esprit à réparer l'échec essuyé par
ses premières attaques : sa droite, maîtresse de
Smohain, débouchait sur Papelotte, et le maréchal
dirigeait lui-même une nouvelle tentative sur la Haie-
Sainte. La division Donzelot, soutenue à gauche de
la chaussée par une brigade de cuirassiers du duc de
Valmy, et à droite par une brigade d'infanterie du
général Quiot, parvint enfin à en expulser les bataillons écossais et hanovriens; à quatre heures ses
troupes étaient maîtresses de ces deux points, à la
suite d'efforts les plus glorieux.

Pendant cette lutte, l'Empereur parcourait les lignes de Ney et celles de la cavalerie de Milhaud, sous
une grêle de boulets ; le général Devaux, commandant l'artillerie de la garde et de la réserve, fut emporté à côté de lui : perte funeste dans un moment
où il allait être appelé à renouveler les belles manœu-
vres de Wagram.

La prise de la Haie-Sainte et de Papelotte semblait,
vers quatre heures, mettre encore toutes les chances

en faveur des assaillants. Mais, au moment où Wellington accumulait ses forces au centre, Napoléon était obligé d'en retirer les siennes, à la nouvelle que Bulow débouchait enfin des bois de Frichermont sur Plancenoit. Si nous voulions suivre exactement l'ordre chronologique des mouvements ennemis, nous aurions à rapporter ici ce qui se passait depuis la veille à l'armée prussienne, mais il paraît plus convenable de raconter les événements dans le même ordre qu'ils se présentèrent à la connaissance de Napoléon. Nous reviendrons donc plus tard sur les opérations de Blücher, en nous bornant à signaler ici l'arrivée successive de ses corps.

Bulow débouche sur Planchenois d'où il est repoussé.

Au moment où Ney venait enfin d'enlever la Haie-Sainte, Bulow, ayant débouché des bois de Frichermont, attaquait le comte de Lobau, et, grâce à sa supériorité, il le poussait jusque sur Plancenoit, en débordant sa droite. Napoléon acquit alors la certitude que Grouchy ne suivait pas cette colonne prussienne ; il n'était plus possible de conserver la moindre illusion ; tout ce qu'il pouvait faire était de disputer l'honneur de ce funeste champ de bataille, où sa ligne était débordée au point que les boulets prussiens atteignaient presque la chaussée de Charleroi, derrière son centre. Un succès n'était guère possible, mais, à force de persévérance, il pouvait contraindre l'ennemi à la retraite. Il résolut donc, vers cinq heures, de se débarrasser de Bulow par un vigoureux coup de main, en dirigeant contre lui la

jeune garde sous le brave Duhesme, soutenue par le
général Morand avec une partie de la vieille garde,
puis de venir ensuite tenter un dernier effort contre
Wellington, avec ses réserves réunies : en attendant
l'issue de cette manœuvre, Ney devait se contenter
de se maintenir en possession des postes de la Haie-
Sainte et de Papelotte.

Grandes charges de la cavalerie française.

Dans ces entrefaites, le maréchal, se trouvant plus
isolé par la tournure des attaques du corps de Reille
autour du château d'Hougoumont, demandait avec
instance du renfort. A défaut d'infanterie, l'Empereur lui assigna les cuirassiers de Milhaud. Wellington, de son côté, encouragé par l'attaque de Bulow,
et renforcé par les troupes de son extrême droite,
avait conçu l'espoir de se remettre en possession du
parc d'Hougoumont et de la ferme de la Haie-Sainte.
A cet effet, il avait lancé à cinq heures les Hanovriens
sur ce dernier poste, en même temps que les Anglais
de lord Hill sur le premier. Dans le même instant,
Ney, dont les troupes souffraient horriblement du
feu de l'ennemi, voyant la cavalerie légère de sa droite
ramenée par celle des Anglais, chercha à s'emparer
à tout prix du plateau de Mont-Saint-Jean, en jetant
ses braves cuirassiers sur le centre des alliés. Malheureusement son infanterie était si ébranlée qu'elle
ne pouvait leur prêter qu'un faible secours. Toutefois
ces escadrons, rencontrant les Hanovriens en marche
sur la Haie-Sainte, se précipitent sur eux, sabrent un
régiment, enlèvent ensuite l'artillerie sur le front de

l'ennemi, enfoncent un carré de la légion allemande,
mais tentent sans succès d'en entamer d'autres ; les
ennemis, formés en carrés par régiment, recueillirent
les canonniers et les chevaux d'artillerie, et, par un
feu nourri, déjouèrent les efforts de cette héroïque
cavalerie (1), qui, chargée à son tour par la cavalerie
anglaise de lord Somerset, dut songer à se rallier,
et le fit avec audace sous le feu même de la ligne
ennemie.

Il eût mieux valu, sans doute, que cette charge se
fût exécutée un peu plus tôt, de concert avec la première attaque d'Erlon, ou bien qu'elle fût différée
jusqu'au retour de la jeune garde, qui devait dégager
le comte de Lobau, afin d'établir alors un effort
combiné des trois armes réunies. Mais le plateau
était couronné ; il fallait soutenir ce qui était fait, ou
voir périr les troupes de Ney. Napoléon ordonne
donc, après six heures, à Kellermann (Valmy), de
s'avancer avec ses cuirassiers à gauche de la chaussée
de la Haie-Sainte, et de renverser tout ce qu'il trouverait devant lui ; la grosse cavalerie de la garde suit
ce mouvement, et s'engage, dit-on, contre les intentions de l'Empereur (2). A l'aspect de tous ces
renforts, Milhaud renouvelle aussi ses attaques.
Ces 10,000 chevaux font un grand dégât dans la

(1) Le duc de Wellington m'a assuré lui-même, au congrès de
Vérone, qu'il n'avait jamais rien vu de plus admirable, à la
guerre, que les dix ou douze charges réitérées des cuirassiers
français sur les troupes de toutes armes.

(2) Napoléon pouvait avoir l'intention de conserver ce précieux
noyau de réserve, mais assure qu'il l'avait *mis à la disposition de
Ney*.

ligne ennemie, enlèvent 60 pièces de canon devant le
front, enfoncent deux carrés ; mais le reste de l'infanterie anglaise leur oppose une contenance admirable ; le feu de la seconde ligne abîme les escadrons
français désunis par leurs charges ; enfin la cavalerie
anglaise, belge, hanovrienne et brunswickoise, conduite par lord Uxbridge, se présente en bon ordre
pour les charger à leur tour, et ne peut manquer de le
faire avec succès. Rester dans une telle situation était
chose impossible ; il fallut donc sonner le ralliement
à quelque distance, abandonner les canons conquis,
enfin laisser aux artilleurs anglais la liberté de retourner à leurs pièces et de foudroyer de nouveau cette
masse de cavalerie. Cependant elle fit volte-face, et
ramena les escadrons de lord Uxbridge jusque sur
leur infanterie (1). Il faudrait emprunter les formes
et les expressions les plus poétiques de l'épopée, pour
raconter avec quelque vérité les glorieux efforts de
cette cavalerie, et l'impassible persévérance de ses
adversaires. On peut du reste juger ce qui serait
résulté de ces belles charges, si le corps de Lobau et
la jeune garde eussent pu suivre les cuirassiers au pas
de course, au lieu d'être engagés du côté de Plancenoit pour tenir tête aux Prussiens. Les témoins ocu-
laires ont attesté le désordre qui commençait à s'introduire dans une partie des troupes combinées, et
l'alarme qui se répandit jusqu'à Bruxelles, où l'on
attendait à chaque instant les Français.

(1) Lord Uxbridge (marquis d'Anglesey) eut la jambe empor-
tée par un boulet ; j'ignore si ce fut dans le moment de cette
attaque ou plus tard.

Napoléon se flattait d'autant plus d'arracher la victoire, que, dans l'intervalle, Bulow, attaqué par Lobau et Duhesme soutenus d'un détachement de vieille garde sous le général Morand, venait d'être refoulé sur le chemin de Pajeau, et que le canon de Grouchy se faisant entendre sur la Dyle, on pouvait espérer qu'il contiendrait du moins le surplus de l'armée de Blücher. Sans doute cette victoire n'eût pas amené d'immenses résultats, mais c'était déjà beaucoup que de la remporter : afin de la décider, l'empereur ordonna à sept heures et demie de réunir toute la garde pour enlever la position de Mont-Saint-Jean.

Blücher débouche sur Smohain, Pirch et Bulow sur Plancenoit.

L'illusion ne fut pas longue ; la cavalerie française venait à peine de rallier ses escadrons victorieux, lorsqu'on découvrit, du plateau, de nouvelles colonnes ennemies venant d'Ohain : c'était Blücher lui-même qui arrivait avec le corps de Ziethen, dans la direction de Papelotte. En même temps le corps de Pirch, ayant débouché de Lasne, était déjà entré en action pour seconder Bulow à Plancenoit.

Quoiqu'il fût difficile à Napoléon d'évaluer toutes ces forces, c'était plus qu'il n'en fallait pour lui arracher la victoire. Toutefois il se flatta, dit-on, de ramener la fortune sous ses drapeaux en refusant sa droite, menacée par des forces trop considérables, afin de porter ses efforts par sa gauche sur Hougoumont et Mont-Saint-Jean ; changement de front hardi, qui nécessitait l'abandon de la ligne de retraite sur

Charleroi pour en prendre une nouvelle sur la chaussée de Nivelles, et qui, de plus, eût enlevé toute communication avec Grouchy. Bien que le succès de cette
manœuvre eût été pour le moins problématique, il
devint impossible de la mettre à exécution, et même
d'attendre que la réunion de toute la garde pût s'opérer : le désordre commençait à gagner la cavalerie et
la division Durutte, menacées par des forces triples
sur le plateau, entre Smohain et la chaussée; il importait de voler au soutien d'Erlon, sans même
attendre le retour de la garde commandée par Morand,
et des autres détachements. Napoléon se met à la
tête de la division Friant, seule troupe qui restât disponible, et la conduit à la Haie-Sainte, en même
temps qu'il ordonne à Reille de disposer un nouvel
effort du côté d'Hougoumont. Ce renfort amené par
Napoléon rendit le courage à la cavalerie française et
aux débris du corps d'Erlon; si toute la division
Morand eût été là, on eût pu encore former une
attaque avec quelques chances ; mais forcé de garder
quelques bataillons sous la main vers la Belle-Alliance,
Napoléon n'en put réunir que quatre au sommet du
plateau, en avant de la Haie-Sainte. Ney, l'épée à la
main, les conduit à l'ennemi.

Dans ces entrefaites, Wellington, certain de la prochaine arrivée de Blücher sur sa gauche, avait songé
à reprendre le parc d'Hougoumont et la Haie-Sainte;
il avait attiré la division de Brunswick et une brigade
belge sur le dernier point, au moment où cette
poignée de braves de la garde allait aborder, baïonnettes baissées, la ligne abîmée des Anglo-Hanovriens.

Le prince d'Orange, jugeant l'importance de ce

mouvement, s'élance vivement au-devant d'eux, à la
tête d'un régiment de Nassau, tandis que la division
de Brunswick les attaquera d'un autre côté, mais le
prince tombe blessé d'un coup de feu en leur mon-
trant le chemin de la victoire. Les braves de la vieille
garde repoussent d'abord le choc ; mais, privés de
soutien au milieu des ennemis qu'une brigade belge
de Chassé vient encore renforcer, entourés d'une
masse de feu qui les écrase, ils voient approcher le
moment où leur cause sera perdue sans retour, et
reviennent avec peine au pied du plateau qui avait
coûté tant de sang. Napoléon, ayant réuni dans ces
entrefaites les six autres bataillons de la vieille garde
détachés sur divers points, se dispose à seconder ces
efforts sur Mont-Saint-Jean, lorsque le désordre, qui
commence à se manifester dans la droite du corps
d'Erlon, le contraint à faire former ces bataillons en
carrés, à droite de la Haie-Sainte.

Défaite de la droite des Français.

Tandis que ces choses se passent sur le front de
l'armée française, entre huit et neuf heures, la jeune
garde et Lobau luttaient avec une rare bravoure
contre les forces toujours croissantes des Prussiens.
Secondé par l'arrivée du corps de Pirch, Bulow finit
par accabler ce qui reste de ces braves, dont la
détresse redouble par le départ de la vieille garde et
par l'entrée en action de Blücher et de Ziethen sur
leur flanc gauche. A l'arrivée de ce dernier, la cavalerie
de l'aile gauche de Wellington (brigades Vivian et
Vandeleur), qui a moins souffert que le reste, court au

centre pour le seconder. Ziethen, qui a débouché à huit heures au sommet de l'angle formé par la ligne française vers Frichermont, écrase facilement Durutte, en même temps qu'il déborde la gauche du crochet formé par Lobau et la jeune garde. Pirch tourne Plancenoit, que Bulow attaque de front. Toute cette partie de l'armée impériale, abîmée, débordée et entourée par des forces quadruples, se pelotonne et cherche un refuge dans la fuite. Duhesme et Barrois sont grièvement blessés ; Lobau, en s'efforçant de rallier ses soldats, tombe au pouvoir de l'ennemi ; Pelet se fait jour avec une poignée de braves autour de laquelle se pelotonnent quelques débris. Le rapport même du général Gneisenau sur cette mémorable journée restera à jamais le plus beau témoignage de l'héroïque défense de ces 12,000 à 15,000 Français contre 60,000 Prussiens encore favorisés par la nature du champ de bataille qui, s'élevant en amphithéâtre de leur côté, donnait à leur nombreuse artillerie un ascendant terrible sur celle de leurs adversaires.

Derniers efforts et déroute de l'armée.

Wellington, instruit par les progrès du feu que Blücher et Bulow donnaient le coup décisif, réunit de son côté tout ce qu'il peut de ses meilleures troupes, reprend le parc de Hougoumont, et fond vers neuf heures sur la vieille garde avec une supériorité accablante, en même temps que la cavalerie prussienne de Blücher déborde Durutte, et s'introduit ainsi derrière la ligne. Un combat furieux s'engage ;

les généraux Friant et Michel sont grièvement blessés ; ce qui reste des cuirassiers et la cavalerie de la garde font des merveilles ; mais la partie n'est plus tenable. Assaillie par 60,000 Prussiens réunis à la gauche de Wellington, toute la droite des Français reflue dans le plus grand désordre sur la Belle-Alliance ; la garde, qui faisait face aux Anglais, est forcée de faire front aussi en arrière ; la cavalerie de Wellington profite de ce désordre, et s'introduit entre le corps de Reille et la garde formée en différents carrés, en même temps que celle de Blücher prend la ligne à revers. Ces masses de cavalerie rendent le ralliement des troupes d'Erlon et de Reille impossible.

Depuis longtemps l'artillerie prussienne sillonne de ses boulets la chaussée de Charleroi, bien loin derrière la ligne, et ne contribue pas peu à redoubler le désordre que la nuit, en étendant ses voiles, achève de porter au comble. L'infanterie, la cavalerie et l'artillerie prennent pêle-mêle le chemin de Genappe, quelques-uns cherchent même à gagner la route de Nivelles, celle de Charleroi étant inquiétée.

Entraîné loin des derniers braves qui sous Cambronne font face à l'ennemi, Napoléon se voit séparé d'eux, et réduit à regagner la route de Genappe à travers champs, avec son état-major, n'ayant plus même sous la main un bataillon à la tête duquel il pût chercher la mort dans les rangs ennemis.

Wellington, qui a passé avec impétuosité de la défensive à l'offensive, rencontre Blücher à la Belle-Alliance (nom d'une ferme, auquel l'événement donnait un à-propos bizarre). Cette réunion, que bien des gens ont été tentés d'attribuer au hasard, avait

16.

été habilement concertée; il est temps de dire par quel concours de circonstances elle put s'effectuer.

Opérations de Grouchy.

Nous avons laissé Grouchy, le 17 à midi, partant pour Gembloux. On se rappelle que le corps de Thiel-mann s'était retiré de Sombreffe dans cette même direction; sans doute pour se rallier à Bulow qui venait d'y arriver, après une marche forcée de douze lieues, tandis que la droite de l'armée de Blücher, composée des corps de Ziethen et de Pirch, se reti-rait par Mont-Saint-Guibert sur Bierge et Aisemont. Quoi qu'il en soit, Grouchy, arrivé à Gembloux, y apprit dans la soirée que Bulow et Thielmann s'y étaient réunis dans la matinée, et avaient ensuite pris la direction de Wavre (ces deux corps formaient une masse de 52,000 hommes).

Le corps de Gérard n'étant arrivé qu'à onze heures du soir à Gembloux, par suite d'un violent orage qui avait abîmé les routes et harassé ses troupes, Grouchy résolut de se diriger le lendemain à six heures du matin sur Wavre avec le corps de Vandamme, que Gérard suivrait à huit heures seulement. Cette résolution, bien qu'elle parût conforme à l'ordre que Napoléon lui avait donné de suivre les Prussiens sur les talons, était une faute réelle. En effet, dès que Blücher renonçait à sa base naturelle de la Meuse, il était évi-dent qu'il ne songeait qu'à se réunir à Wellington pour reprendre l'offensive, et se venger de l'affront qu'il venait d'essuyer : dès lors, en admettant même que Napoléon eût primitivement indiqué la poursuite sur Namur, Grouchy, certain que cet ordre se trouvait inexécutable, redevenait maître d'agir selon ses propres inspirations ; d'ailleurs, l'ordre transmis postérieurement par le général Bertrand, d'aller sur Gembloux, avait assez indiqué le but que le maréchal devait atteindre. Poursuivre les Prussiens était son devoir, mais il y avait plusieurs manières de le faire : l'une consiste à ne poursuivre que la queue des colonnes en retraite, l'autre consiste à harceler seulement les arrière-gardes ennemies par des corps légers, et à diriger ses forces principales sur le flanc des colonnes, afin de les entamer sérieusement, ainsi que les Russes l'avaient fait, en 1812, à Wiasma, Krasnoë et à la Bérésina (1).

Dans les circonstances où Grouchy se trouvait, c'était plus que jamais le cas de suivre ce dernier système ; car sa première mission était bien d'empêcher les Prussiens de revenir sur Napoléon, et le second point seulement était de harceler leur retraite. Or, en longeant les colonnes prussiennes avec son infanterie, tandis que la cavalerie légère les harcelait en queue, il aurait le double avantage de s'opposer à toute jonction avec les Anglais, et d'éviter les combats de défilé qu'il serait forcé de livrer sans cela à Wavre.

Trois principaux chemins s'offraient à lui : celui de droite, par Sart-lez-Walhain, qui avait été suivi par Bulow ; celui de gauche, par Mont-Saint-Guibert,

---

(1) Voyez ce que le général Jomini dit de ces poursuites latérales dans son dernier *Précis de l'Art de la Guerre*, 1 vol. in-8° ; chez Meline, Cans et comp., à Bruxelles.

d'où il pouvait marcher à Wavre, soit en longeant la droite de la Dyle, soit en passant cette rivière à Moustier, pour gagner Wavre par la rive gauche, en évitant ainsi un horrible combat de défilé. Tous étaient également longs, mais celui de gauche le rapprochait de deux lieues de l'armée de Napoléon, et celui de droite, au contraire, l'en éloignait d'autant. On gagnait donc près d'une marche à suivre le premier, sans compter que l'on s'interposait entre les deux armées alliées.

Le maréchal n'avait donc pas à hésiter; il devait, dès le 18 au point du jour, se porter en toute hâte sur Moustier, avec Excelmans, Vandamme et Gérard, en dirigeant la cavalerie de Pajol et la division Teste sur Wavre, à la poursuite des arrière-gardes énnemies (1). Pouvant arriver à Moustier vers dix heures, il eût été maître alors de diriger son infanterie sur Wavre, par Limal, en poussant les dragons d'Excelmans sur Saint-Lambert, ou bien de marcher à Lasne lui-même, dès qu'à midi il aurait entendu la violente canonnade de Waterloo.

Au lieu de prendre cette habile résolution, Grouchy, jaloux sans doute de suivre à la lettre les Prussiens sur les talons, comme on le lui avait prescrit, et trompé par les rapports qui lui signalaient encore des colonnes prussiennes sur la direction de Perwez,

(1) Ce mouvement stratégique eût été de ceux qui font la réputation d'un grand capitaine. Il est probable que Napoléon, placé à Gembloux dans la situation de Grouchy, l'eût exécuté; cependant il n'en fit aucune mention, et ne prescrivit rien de pareil; il approuva même le mouvement sur Wavre : c'est qu'il ne crut jamais au téméraire mouvement de flanc exécuté par Blücher.

dirigea les siennes sur Sart-lez-Walhain, parceque c'é-
tait bien le chemin que Bulow avait suivi : le maréchal
s'y décida d'autant mieux qu'il ignora complétement
que la moitié de l'armée prussienne eût passé par
Gentines et Mont-Saint-Guibert, parce que les recon-
naissances envoyées de ce côté, le 17, avaient fait
leur rapport à Napoléon et non à lui. A cette faute
on ajouta celle de partir un peu tard, en sorte que
vers midi seulement Vandamme avait dépassé Sart-
lez-Walhain, et que les têtes de colonne de Gérard
atteignaient ce village.

Grouchy venait d'y être rejoint par ce général,
lorsque le bruit d'une canonnade sourde et lointaine,
mais vive et soutenue, vint signaler une bataille
sérieuse : alors le comte Gérard proposa au maréchal
de se diriger sur-le-champ de ce côté, persuadé qu'en
marchant au canon, comme Ney l'avait fait à Eylau,
on pourrait décider la victoire.(1).

Bien que ce conseil fût fort sage en lui-même, il
faut avouer que l'on ne pouvait pas s'en promettre
les mêmes avantages que si ce mouvement eût été
opéré de Gembloux dès le point du jour, et qu'il fût
arrivé un peu tard pour être décisif ; car, en supposant que Vandamme, dont le corps se trouvait en tête,
pût commencer son mouvement vers une heure, et
cela à la hauteur de Saint-Martin, il est probable qu'il

(1) La maxime de marcher au canon est fort sage en général,
puisqu'elle n'est au fond qu'une manœuvre concentrique, dont
l'effet est presque toujours certain ; il est cependant des circonstances particulières où il faut faire des exceptions : la bataille de
Bautzen en est un des exemples les plus frappants. (Voyez
Vie politique et militaire de Napoléon, chap. xx.)

ne serait arrivé que vers quatre heures à Moustier.
Or, l'état affreux des chemins, le mauvais état des
ponts, le défilé marécageux de la Dyle, et surtout la
présence du corps de Thielmann qui se fût prolongé
des hauteurs de Bierge sur Limal pour s'opposer au
passage, autorisent à croire que Grouchy ne fût
arrivé à Lasne ou Saint-Lambert qu'entre sept et huit
heures du soir. Alors les corps de Thielmann et Pirch,
formés derrière le ruisseau de Lasne, l'eussent empêché de pousser plus loin ; Bülow et Ziethen n'en eussent pas moins décidé la bataille à Waterloo ; elle eût
été certainement moins désastreuse pour les vaincus,
mais il n'était guère possible de la gagner.

Une grande controverse s'est élevée à ce sujet :
chacun a interprété à sa guise et selon ses vues les
suites qu'aurait pu amener ce mouvement conseillé
par le général Gérard. Pour bien juger le résultat que
l'on pouvait s'en promettre, il ne faut pas oublier que
le corps de Thielmann, posté sur les hauteurs de
Bierge, s'éclairant jusque sur Limal, avait l'ordre de
suivre celui de Pirch sur Saint-Lambert, dans le cas
où Grouchy ne se montrerait pas vers Wavre, et
qu'une de ses divisions s'était même déjà mise en
marche à cet effet. S'il est vrai que les troupes de
Grouchy, prenant dès midi le chemin de Nil-Saint-
Martin sur Moustier, y fussent arrivées entre trois et
quatre heures, elles y eussent certainement été bientôt engagées avec les 20,000 hommes de Thielmann,
ce qui eût forcément suspendu et peut-être arrêté
leur marche. Si elles eussent voulu déboucher par
Limal, elles eussent rencontré encore plus promptement ces forces ennemies. D'un autre côté, les co-

lonnes de Pirch, qui cheminaient dans ce moment sur
Lasne, eussent probablement fait halte, se voyant
ainsi menacées à revers; on doit même admettre
qu'elles eussent rétrogradé, afin de soutenir Thielmann; mais alors Bulow avait déjà réuni ses quatre
divisions pour attaquer Plancenoit, et Ziethen che-
minait avec Blücher vers Ohain, longeant la vaste
forêt de Soignes, où il n'existait pas une route pas-
sable pour se rabattre en cas de revers sur Bruxelles.

Quelle résolution eussent prise Blücher et ses conseillers si le bruit inquiétant du canon de Grouchy
eût tonné vers cinq heures entre Moustier et Saint-
Lambert? Voilà où est le nœud de la question. Faire
halte et recevoir l'attaque dans une position à la fois
décousue et dangereuse, ce n'eût pas été seulement
perdre tout le fruit d'une habile et audacieuse manœuvre, c'eût été une folie qui eût compromis l'armée prussienne dans un vrai coupe-gorge; Blücher
n'avait donc que trois partis à prendre : 1° de rétrograder sans délai sur la route qui mène de Wavre à
Bruxelles; 2° d'arrêter ses colonnes, et de les diriger
promptement sur la Dyle, pour en disputer le passage à Grouchy; 3° de précipiter son mouvement sur
Ohain et Plancenoit, afin de hâter la jonction tant
désirée avec l'armée de Wellington, réunion qui
était son but primitif, et devenait son unique planche
de salut, une fois qu'il se trouverait engagé dans une
pareille situation.

Malgré les avantages manifestes du dernier parti,
il paraît que Blücher, informé de l'apparition des
têtes de colonne d'Excelmans et de Vandamme à la
hauteur de Corbaix, et craignant de les voir débou-

cher par Moustier, se décida pour le second ; car il
fit suspendre la marche de Pirch et ordonna à Ziethen
de se rabattre sur la Dyle. On assure même que ces
troupes ne reprirent leur mouvement que d'après un
rapport de Thielmann, annonçant que les colonnes
françaises se prolongeaient jusque vers Wavre.

Il est néanmoins permis de croire que, dans tous
les cas, le maréchal prussien, après avoir reconnu la
force de Grouchy, eût jugé les huit divisions de Pirch
et de Thielmann suffisantes pour le contenir, tandis
qu'avec les huit divisions de Ziethen et de Bulow il
eût aidé Wellington à décider la victoire.

Quoi qu'il en soit, il est évident que la seule apparition de Grouchy vers Moustier eût mis les généraux
prussiens dans un embarras réel, dont personne du
reste ne saurait décider ni les résultats, ni la gravité;
car tous les raisonnements que l'on pourrait faire
à ce sujet se bornent à des conjectures vagues pour
juger l'effet moral que cet événement eût produit sur
les généraux prussiens et sur leurs troupes.

Toutefois, on ne saurait le nier, si le conseil du
général Gérard n'équivalait pas entièrement à la résolution de se porter dès le point du jour à Moustier,
le maréchal Grouchy dut regretter de ne pas s'être
décidé à le suivre : il eût fait du moins tout ce qui
était humainement possible pour empêcher une catastrophe qu'on lui a malheureusement imputée. Sa
bravoure et son zèle étaient éprouvés, il avait souvent donné des preuves de talent, mais il perdit ici
l'occasion de se placer au nombre des généraux les
plus habiles, en s'attachant à suivre strictement des
ordres qui lui avaient été donnés, dit-on, avec un

peu d'amertume, et dont il s'appliqua à exécuter la lettre plutôt qu'à interpréter l'esprit. A la vérité, les moyens de justification ne lui manquent pas : le plus important et le plus fondé de tous, c'est que, ne pouvant deviner les intentions de Blücher, et le supposant concentré en avant de Wavre, vers Dion le Mont, Grouchy put craindre de découvrir entièrement les communications de l'armée, s'il se jetait ainsi dans les environs de Saint-Lambert, en laissant toute l'armée prussienne derrière lui. Les partisans exaltés de Napoléon ont jugé son lieutenant avec une rigueur extrême, sans songer qu'une partie du blâme devait retomber sur leur héros, qui ne lui avait pas donné de direction entièrement satisfaisante ; et, il faut l'avouer, il existe bien peu de généraux qui eussent pris la résolution de se jeter ainsi sur Saint-Lambert, sans savoir ce que le gros des forces de Blücher entreprendrait.

Sages manœuvres des alliés.

Pendant que les Français commettaient ces fautes, leurs adversaires exécutaient une manœuvre des plus sages et des plus hardies.

Le maréchal prussien, qui était venu bivaquer le 17 au soir, avec toutes ses forces, autour de Wavre, avait envoyé, comme on l'a déjà dit, son chef d'état-major Gneisenau au duc de Wellington, pour combiner leurs opérations ultérieures. Ils étaient convenus que si Napoléon fondait sur les Anglais, ceux-ci recevraient la bataille en avant de Waterloo, dans la position que leur général avait reconnue huit

17

jours auparavant, afin de couvrir au besoin Bruxelles :
dans ce cas, Blücher, favorisé par la Dyle et la direction de son cours, marcherait à lui pour prendre part
à la bataille, en tombant sur la droite des Français ;
dans la supposition contraire, c'est-à-dire, si Napoléon
marchait aux Prussiens pour les attaquer à Wavre,
il fut convenu que Wellington agirait par le même
principe concentrique, et tomberait sur la gauche.

Blücher, voyant par la fausse direction de la marche de Grouchy, et par les rapports de ses flanqueurs,
que Napoléon se porterait contre les Anglais et qu'il
pouvait sans crainte voler à leur secours, fit partir
le 18, à quatre heures du matin, les corps de Bulow
et de Pirch pour Saint-Lambert, et marcha lui-
même avec celui de Ziethen sur Ohain, afin de se
réunir à la gauche du général anglais. Thielmann fut
laissé, avec 25,000 hommes, à Wavre, pour défendre
la Dyle, avec ordre de suivre les autres corps, si Grouchy ne se montrait pas. Ce plan était très-bien conçu,
et il faut le dire à la louange des généraux alliés,
on reconnaît, à ces combinaisons, tous les progrès
qu'ils avaient faits dans l'art de la guerre.

D'après ces sages dispositions, Bulow traversait
Wavre entre sept et huit heures du matin, lorsqu'un
incendie violent éclata dans la grande rue de cette
ville qui était l'unique passage; l'avant-garde, ayant
déjà franchi ce défilé enflammé, continua sa route;
mais son artillerie ne pouvant suivre, la colonne dut
s'occuper à éteindre le feu. Vers midi, l'avant-garde
formée à Saint-Lambert attendit l'arrivée du corps
qui déboucha entre trois et quatre heures des environs de Pajeau ; le corps de Pirch avait dépassé Lasne

entre cinq et six heures ; Blücher, marchant avec celui de Ziethen, avait fait des contre-marches qui
l'empêchèrent d'atteindre Ohain avant sept heures du
soir. On sait déjà la part que ces 65,000 Prussiens
prirent à la bataille de Waterloo, tandis que le corps
de Thielmann, placé sur les hauteurs de Bierge, qui
dominent Wavre et tout le vallon de la Dyle, se disposait à opposer un mur d'airain à Grouchy, lorsqu'il
se présenterait.

Arrivé à quatre heures devant Wavre, ce maréchal forma ses troupes, afin d'attaquer les forces
laissées pour lui disputer le passage de la Dyle, qui
présente un défilé très-difficile sur ce point. A cinq
heures du soir, il reçut l'ordre qu'on lui avait expédié
le matin à Gembloux ; Grouchy porta alors Pajol
avec 8,000 hommes sur Limal, attaqua avec le reste
de ses forces le détachement de Thielmann, et déboucha après un combat très-vif, qui se prolongea au
delà de Wavre et du moulin de Bierge. Les détails
de ce combat, très-honorable pour les deux partis,
et dans lequel Gérard fut blessé, ne sauraient entrer
dans le cadre de notre précis.

L'armée française se retire en désordre sur Avesnes.

Ce qui se passait à Mont-Saint-Jean rendit d'ailleurs ce succès plus nuisible qu'utile. Les débris de
Napoléon regagnaient Genappe dans un horrible désordre ; en vain l'état-major s'efforça d'en former
quelques corps : tout était pêle-mêle. Il serait injuste
d'en faire reproche aux troupes, jamais elles n'avaient
combattu avec plus de valeur, et la cavalerie surtout

s'était surpassée ; mais peu habituées à se voir ainsi
tournées, et près d'être enveloppées ; ayant épuisé
tout ce qu'elles avaient de munitions et de forces,
elles crurent devoir chercher leur salut dans la retraite la plus précipitée. Chacun voulant reprendre la
route qu'il avait suivie, on se croisa dans divers sens,
les uns pour rejoindre le chemin de Charleroi, les
autres pour se soustraire à l'ennemi qui s'y montrait
déjà, et se rejeter sur celui de Nivelles : le pêle-mêle
fut complet. Le chef d'état-major de Blücher, homme
de tête et de cœur, s'était mis, malgré la nuit, à la
poursuite de cette cohue avec la cavalerie prussienne
qui avait peu combattu ; il parut à l'improviste devant
Génappe, où il lança quelques boulets et quelques obus,
ce qui acheva la déroute. Le désordre y fut d'autant
plus grand, qu'on avait barricadé les avenues de ce
défilé, pour couvrir les parcs qui y étaient restés ; et
cette précaution, que les Français avaient si souvent
négligée, tourna en cette circonstance contre eux,
en encombrant le seul passage qui leur restât ; ce
qui augmenta la confusion et doubla la perte de matériel. Grouchy, de son côté, compromis au delà
de la Dyle, par le succès même qu'il venait de remporter, n'eut que le temps de se jeter en toute hâte
sur Namur, pour y prendre la route de Givet et de
Mézières, et faillit y être prévenu par les Prussiens.

L'armée vaincue avait perdu deux cents pièces de
canon, et 30,000 hommes hors de combat ou prisonniers ; il en restait autant, indépendamment des
55,000 hommes de Grouchy ; mais la difficulté était de
se rallier devant un ennemi qui avait pris de Napoléon des leçons d'audace et d'activité. La perte des

alliés n'était pas moins considérable, mais il leur restait 150,000 hommes (1), la confiance de la victoire, et la certitude d'être secondés par 300,000 alliés qui passaient le Rhin depuis Mayence jusqu'à Bâle.

Fautes qui causèrent ce désastre.

Telle fut l'issue de cette lutte, qui avait commencé sous de si heureux auspices, et qui devint plus funeste à la France que ne l'avaient été les journées de Poitiers et d'Azincourt. Il faut l'avouer, ce désastre fut l'ouvrage d'une foule de circonstances inouïes : si l'on peut reprocher quelques fautes à Napoléon, on doit convenir aussi que la fortune lui fut bien cruelle dans les moindres détails, et que ses ennemis, en échange, furent aussi heureux qu'ils se montrèrent habiles. Quelque injuste que soit l'esprit de parti, on est forcé de rendre hommage au mérite de deux généraux qui, attaqués à l'improviste dans des cantonnements étendus depuis Dinant et Liége jusqu'à Renaix près de Tournay, avaient pris de si sages mesures, qu'ils se trouvèrent dès le lendemain matin en état de recevoir bataille à forces égales, et de vaincre ensuite par une habile concentration des deux armées.

Quant à Napoléon, nous avons déjà signalé les fautes d'exécution commises le 16 et le 17, tant par lui que par ses lieutenants. Dans la journée même de

(1) Outre les troupes engagées à Waterloo, les alliés avaient encore une belle division anglaise venant d'Ostende, une division campée à Hal, et le corps prussien de Kleist, qui n'avait pas pris part à la bataille, sans parler des autres armées.

17.

Waterloo, on peut reprocher aux Français d'avoir tenté la première attaque en masses trop profondes. Ce système n'eut jamais de succès contre le feu meurtrier de l'infanterie et de l'artillerie anglaises (1). J'ai déjà dit, au sujet de la bataille d'Essling, tout ce qu'on peut dire à cet égard ; mais en supposant même que ce système pût être convenable sur un terrain ouvert, sec, d'un abord facile, et avec des forces égales en artillerie, il est certain que des masses d'infanterie, lancées dans des terres trempées, d'où elles avaient peine à sortir, pour attaquer, avec un concours insuffisant des autres armes (2), des troupes établies dans une excellente position, avaient trop de chances contre elles. Du reste, on peut reprocher aussi de n'avoir pas suffisamment soutenu ce premier effort, qui, effectué sans concours de la cavalerie et des réserves, devenait un mouvement partiel, isolé, et dès lors sans résultat.

· Il en fut de même des grandes charges de cavalerie, qui, dénuées de soutien, ne furent que d'héroïques

---

(1) Il est probable que ce mode de formation n'avait pas été ordonné par Napoléon lui-même ; nous n'avons jamais appris qu'il se fût mêlé de prescrire à ses lieutenants de quelle manière ils devaient former leurs troupes pour les conduire à une attaque. En 1813 seulement, il prescrivit la colonne de bataillons par divisions sur deux rangs, bien différente de ces lourdes masses, et telle que le général Jomini l'a proposée dans ses divers ouvrages.

(2) Les Français avaient de nombreuses batteries sur leur front, mais elles battaient de loin et vaguement la ligne ennemie, et ne pouvaient pas facilement suivre les troupes assaillantes ; tandis que l'artillerie anglaise, restant en position, tira jusqu'à bout portant sur les colonnes qui venaient à elle, et qui s'offraient en victimes à un feu concentrique dirigé sur un seul point.

mais inutiles luttes. Malgré tout cela, il est à peu près
certain que Napoléon serait resté maître du champ
de bataille, sans l'arrivée de 65,000 Prussiens sur ses
derrières; circonstance décisive et désastreuse, qu'il
ne dépendit pas entièrement de lui d'empêcher,
comme on l'a vu. Dès que l'ennemi amenait 130,000
hommes sur le champ de bataille, où il lui en restait
à peine 50,000, tout devait être perdu.

Il est temps, du reste, de quitter le champ des
conjectures, et de revenir aux débris de l'armée de
Napoléon.

Suite du désastre de Waterloo.

L'apparition de la cavalerie prussienne, et la canonnade qu'elle engagea sur Genappe, au milieu de la
nuit, était une circonstance tout à fait neuve à la
guerre, où la nuit met ordinairement un terme au
carnage et à la poursuite. Le général Gneisenau crut
cette innovation sans danger contre une armée dé-
bandée, et il n'eut pas tort, car tout prit en désordre
le chemin de Charleroi sans attendre le jour; et ce ne
fut que sous le canon d'Avesnes qu'il fut possible de
rallier et réorganiser un peu les bataillons.

Napoléon n'avait qu'un parti à prendre, c'était de
diriger Grouchy par les Ardennes sur Laon, d'attirer
sur ce point ce que l'on pourrait tirer de l'intérieur,
de Metz, et du corps de Rapp, en ne laissant en Lorraine et en Alsace que les garnisons. La cause impériale était bien ébranlée, mais elle n'était point entièrement perdue, si tous les Français s'accordaient
pour opposer à l'Europe le courage des Spartiates de

Léonidas, l'énergie des Russes de 1812, ou des Espagnols de Palafox. Malheureusement pour eux comme pour Napoléon, les opinions étaient fort divisées à ce sujet, et la majorité pensant alors que la lutte n'intéressait que le pouvoir de l'Empereur et de sa famille, le pays semblait n'y être pour rien.

Le prince Jérôme avait réuni 25,000 hommes derrière Avesnes : on lui ordonna de les ramener à Laon ; il restait deux cents pièces de canon outre celles de Grouchy. Il fallait huit jours pour que ce maréchal pût arriver à Laon : l'Empereur se rendit dans cette ville pour l'y attendre, persuadé que Wellington, prudent comme il l'avait été en Espagne, craindrait de s'engager au milieu de tant de places fortes, et avancerait avec mesure sur la Somme.

Napoléon se rend à Paris.

Napoléon n'aimait pas ce que l'on nomme les conseils de guerre, mais il aimait, dans les circonstances graves, à raisonner avec quelques familiers, sur le pour et le contre des différents partis qu'il aurait à prendre, et après avoir écouté tous les avis, il arrêtait ordinairement ses résolutions, sans même les communiquer aux personnes qu'il avait ainsi réunies.

Arrivé le 19 à Laon, où il avait d'abord résolu d'attendre la jonction de Grouchy et de Jérôme, l'Empereur discuta avec le petit nombre d'affidés qui l'avaient suivi, sur le parti qu'il convenait de prendre après cet effroyable désastre. Viendrait-il à Paris pour se concerter avec les chambres et ses ministres, ou bien resterait-il à l'armée en demandant aux chambres de l'investir d'un pouvoir dictatorial et d'une confiance sans bornes, dans la conviction qu'il obtiendrait d'elles les mesures les plus énergiques pour sauver la France et conquérir son indépendance sur des monceaux de ruines?

Comme cela arrive toujours, les avis de ses généraux furent divisés : les uns voulaient qu'il vînt à Paris déposer la couronne entre les mains des délégués de la nation, ou la recevoir d'eux une seconde fois avec les moyens de la défendre. Les autres, appréciant mieux l'esprit des députés, affirmaient que loin de plaindre Napoléon et de le seconder, ils l'accuseraient d'avoir perdu la France, et s'imagineraient sauver le pays en perdant l'Empereur. Une circonstance grave donnait du poids à cette opinion, c'est que le jour même où il triomphait à Ligny, la chambre élective avait factieusement usurpé le droit d'initiative, en adoptant une loi qui ordonnait la réunion des institutions éparses dans les différentes constitutions du consulat et de l'empire. Enfin, les plus prudents pensaient que Napoléon ne devait point aller à Paris, mais rester à la tête de l'armée, afin de traiter lui-même avec les souverains, en offrant l'abdication en faveur de son fils.

Napoléon penchait, dit-on, pour demeurer à Laon avec son armée; mais l'avis du plus grand nombre l'entraîna, et il partit pour Paris. Dans le fait, c'était bien le moyen le plus efficace de se concerter avec toutes les autorités, les ministères et les administrations, sur les mesures promptes et vigoureuses qu'il s'agirait de prendre pour organiser une grande résistance nationale ; car l'Empereur en ferait plus en quelques heures que par cent dépéches. Mais pour réussir, il eût fallu trouver dans les chambres plus d'habileté, de désintéressement et de dévouement qu'elles n'en montrèrent.

Quoi qu'il en soit, le départ pour Paris étant dé-cidé, Napoléon s'y rendit dans la nuit du 21 juin. Ce retour si naturel fut mal interprété ; sa défaite l'avait déconsidéré aux yeux de la foule, qui juge si rare-ment les choses sous leur véritable aspect : on prit son départ de l'armée pour un acte de faiblesse. Il avait prouvé à Arcole, à Eylau, à Ratisbonne, à Arcis et à Waterloo même, qu'un boulet ne lui faisait pas peur ; et s'il n'avait pas cru aux ressources de la France, il aurait su mourir à la tête de ses débris : s'il les quitta, c'est qu'il n'y avait pas un général d'ar-rière-garde qui ne pût les ramener à Laon aussi bien que lui, tandis que personne ne pouvait le remplacer au timon de l'État qui, pour l'instant, n'était point au quartier général, mais aux Tuileries.

Espérances qui restaient à son parti.

Dans huit à dix jours, il espérait être de retour à Laon à la tête de 100,000 hommes, avec 400 pièces de canon, et punir les Anglo-Prussiens de leur inva-sion. Sans doute cela ne l'eût pas débarrassé des grandes armées que les souverains alliés amenaient par les Vosges : néanmoins il aurait gagné du temps ; et si 300,000 hommes se rassemblaient dans le cou-rant de juillet sur la Loire, la France pouvait encore conquérir son indépendance et sauver sa gloire, car bien des nations se sont relevées de plus bas : le ta-

bleau suivant de la situation, tracé par Napoléon lui-
même, prouve qu'il était loin d'en désespérer.

« Jusque-là, Paris pouvait terminer ses préparatifs
« de défense; ceux de Lyon étaient achevés. Les
« principales places fortes étaient commandées par
« des officiers de choix, et gardées par des troupes
« fidèles. Tout pouvait se réparer ; mais il fallait du
« caractère, de l'énergie et un dévouement absolu de
« la part du gouvernement, des chambres, de la na-
« tion entière.

« Il fallait qu'elle fût animée par l'unique senti-
« ment de l'honneur, de la gloire, de l'indépendance
« nationale ; qu'elle fixât les yeux sur Rome après la
« bataille de Cannes, et non sur Carthage après celle
« de Zama ! Si la France s'élevait à cette hauteur,
« elle était invincible. »

Sans recourir jusqu'aux siècles des Scipions, il suffisait de se rappeler l'exemple de l'Espagne en 1808,
alors que les Français tenaient ses places et sa capitale, et celui de la Russie incendiant Moscou pour
se soustraire aux suites de la sanglante journée de
Borodino. On objectera sans doute que les circonstances étaient bien différentes, et que la France était
trop épuisée d'hommes, pour espérer un pareil résultat. De telles raisons ne méritent pas de réplique :
les âmes pusillanimes ne manquent jamais de pré-
textes pour se soumettre plutôt que de se placer dans
l'obligation de vaincre ou de mourir. Il n'est pas
donné à chacun de penser en Spartiate, et de tout
sacrifier à la gloire nationale.

Complots de ses adversaires.

En faisant abstraction de ce point d'honneur patriotique, il ne fut pas difficile aux adversaires politiques de Napoléon de prouver à ses partisans mêmes
que la cause de la France se trouvait ici pour la première fois séparée de la sienne; à les entendre, « ce
« ne serait qu'au prix de flots de sang, et des plus
« cruels ravages, qu'on pourrait balayer le sol en-
« vahi par 500,000 hommes, et assurer son indé-
« pendance. En se soumettant aux Bourbons, on
« pouvait obtenir le même résultat d'une manière
« moins romaine à la vérité, mais plus certaine et
« moins cruelle pour la France déjà fatiguée de tant
« de guerres. »

Ce langage n'était pas héroïque, mais il était con-
cluant, et il devait entraîner tous les esprits faibles.
L'armée et le parti de la révolution étaient néanmoins
disposés à la résistance, sans s'inquiéter des sacrifices
qu'elle exigeait; mais le parti voulait la résistance au
profit de la démagogie et non au profit de l'autorité
impériale. Les meneurs s'abusèrent au point de croire
qu'ils résisteraient à l'Europe avec des décrets, comme
en 1793. Lafayette surtout était d'une bonhomie
désespérante; il se flattait que l'Europe ne faisait la
guerre qu'à l'ambition d'un homme, et que les armes
des souverains allaient tomber devant ses doctrines
gallo-américaines : il ne voyait pas que le temps des
Mack et des Cobourg était loin de nous, et que c'était
précisément à ses doctrines que les souverains en
voulaient.

Les grands désastres, comme les volcans, s'annon-
cent par un bruit sourd qui en précède l'explosion.
Dès le 20 juin, Paris était agité par les récits les plus
alarmants, qui firent tourner toutes les têtes. Au
premier avis de la catastrophe, Fouché avait réuni
chez lui ses amis des deux chambres (1), en même
temps que ses agents secrets répandaient dans Paris
le bruit que l'abdication seule de Napoléon pouvait
sauver le pays.

Les meneurs du parti utopiste redoutaient, avec
raison sans doute, la dissolution des chambres, car
après la marche que celle des députés avait adoptée,
ils sentaient bien que l'Empereur la regarderait comme
un obstacle bien plus que comme un moyen de gouvernement. Il fut donc convenu dans ce conciliabule
d'aller au-devant du danger; Lafayette attacherait le
grelot en proposant le lendemain à la chambre de se
déclarer en permanence, et de proclamer traître à la
patrie quiconque oserait ordonner de la dissoudre.
Pour prix de cet acte que l'on qualifiera comme l'on
voudra, le *grand citoyen* qui avait accompagné le
peuple de Paris à Versailles en 1789, serait de nouveau décoré de son titre favori de commandant général des gardes nationales du royaume.

Pendant que Fouché et ses amis tramaient ainsi le
renversement de Napoléon, celui-ci arrivait le 21, à
quatre heures du matin, à l'Élysée-Bourbon, où Caulaincourt l'attendait avec une juste impatience. Loin
de parler de dissolution, les premières paroles pro-

---

(1) Lafayette, Manuel, Dupont de l'Eure, Flaugergues, Dupin
aîné, Henri Lacoste.

noncées par l'Empereur annoncèrent son projet de
réunir les deux chambres en séance extraordinaire,
afin de leur peindre les malheurs de Waterloo, et
de leur demander les moyens de sauver la France,
après quoi il se hâterait de rejoindre l'armée.

Caulaincourt exprima, dit-on, ses regrets sur le
parti qu'il avait pris de la quitter, et lui témoigna la
crainte que les chambres fussent peu disposées à le
seconder. Les ministres, mandés bientôt après chez
l'Empereur, furent invités à prononcer sur les mesures à prendre. Napoléon leur fit part de ses idées,
de ses ressources, et du besoin qu'il avait de la dictature pour sauver la France ; il pouvait la saisir
lui-même ou la recevoir des chambres ; ce dernier
moyen serait plus légal et plus efficace : mais était-on
certain de l'obtenir ? Le plus grand nombre des ministres pensaient que c'était de l'accord des chambres
qu'il fallait tout espérer. Caulaincourt citait l'abandon du pays en 1814 comme un exemple effrayant du
résultat de la dissolution des chambres. Fouché fondait aussi toutes ses espérances sur un confiant abandon dans ces assemblées, au sein desquelles il s'était
ménagé une si active influence. Decrès pensait, au
contraire, qu'il ne fallait pas compter sur elles. Re-
gnaut de Saint-Jean-d'Angély lui-même, cet orateur
obséquieux et complaisant, osa ajouter à l'opinion du
ministre de la marine, que les chambres exigeraient
sans doute une nouvelle abdication ; il poussa même
la hardiesse jusqu'à insinuer que, si on ne l'offrait
pas, elles pourraient bien l'exiger. Lucien, indigné
avec raison, et se rappelant le 18 brumaire, demandait que l'Empereur se passât des chambres et sauvât

la France à lui seul. Carnot enfin, on doit l'avouer à
sa louange, fut celui qui entra le mieux dans les vues
d'une défense désespérée, et de la dictature qui devait en fournir les moyens ; il fallait, selon lui, délivrer à tout prix le sol de la France, et renouveler,
au besoin, toute l'énergie du comité de salut public
en 1793. S'il ne fut jamais un grand politique, il
montra du moins l'énergie d'un Romain.

Pendant que ces graves questions s'agitaient à
l'Élysée, les résolutions prises la veille dans le conciliabule de Fouché portaient leur fruit dans les chambres ; les bruits de dissolution perfidement répandus
bien avant que la question en eût été agitée, et au
moment même où l'on proposait au contraire la bonne
harmonie avec les chambres comme l'unique planche
de salut, avaient produit l'effet que les conjurés en
attendaient. Lafayette venait de faire, avec succès,
la sortie convenue, et avait enlevé, soit à la jalousie,
soit à la faiblesse des députés, le décret qui déclarait
traîtres à la patrie tous ceux qui oseraient prononcer
une dissolution, bien que cet acte fût cependant un
des droits constitutionnels de l'Empereur. Singulière
manie de ces prétendus apôtres de la légalité, qui
frappaient de mort le chef de l'État s'il voulait exécuter la loi !

Ce décret, qui était à lui seul une révolution tout
entière, mandait au sein de l'assemblée les ministres
réunis chez Napóléon : dès lors il n'y avait plus rien à
espérer ; en vain Lucien, accompagné des ministres,
vint-il demander à la chambre, au nom de l'Empereur, de désigner une commission pour s'entendre
sur les mesures de salut public, indispensables dans

les circonstances : l'abdication était le but unique des
conjurés. La commission fut nommée à la vérité, mais
elle fut composée des plus chauds ennemis de l'Empereur, Lanjuinais, Lafayette, Grenier, Flaugergues,
Dupont de l'Eure ; sa majorité ne sut proposer autre
chose qu'une niaise et vaine négociation avec les puissances. A la lecture de son rapport, une foule de
députés, et Lafayette surtout, s'écrièrent que cela
serait insuffisant sans l'abdication, qu'il fallait cette
abdication dans une heure ou la déchéance !

Tandis que ces vociférations de la médiocrité et de
la haine ébranlaient les esprits modérés, Napoléon
était à l'Élysée, en proie à la plus violente agitation.
Le peuple assemblé autour de ce palais faisait retentir l'air des cris de *vive l'Empereur !* et demandait
des armes. Lucien excitait son frère à profiter de cet
élan pour faire un 18 brumaire bien plus légal que le
premier, car en ordonnant la dissolution selon les
formes usitées il avait droit de l'exiger et de la faire
exécuter.

L'idée de sauver le pays en armant le bas peuple
contre les premières magistratures devait révolter
l'esprit judicieux et élevé de Napoléon. D'ailleurs, la
division, déjà si forte en France, ne manquerait pas
de redoubler après un coup d'État qui rappellerait
plutôt celui du 31 mai 1793 que celui du 18 brumaire.
L'union sacrée de la nation et de ses chefs pouvait
seule réparer les cruels effets de ses sanglants désastres ; c'était donc en se serrant en faisceau autour de
ce célèbre gagneur de batailles que la France pouvait
encore sortir glorieusement d'une lutte gigantesque.
Dès que la nation se scindait en trois camps ennemis,

et que les autorités donnaient l'exemple de la défection, tout était perdu, car Napoléon ne pouvait pas
sauver à lui seul l'indépendance du pays en même
temps que son trône. Les idéologues, les factieux,
qui furent assez insensés pour s'imaginer que l'Europe s'empresserait de déposer les armes devant leurs
décrets, et qui crurent faire triompher leurs utopies
en sacrifiant un grand homme, auront seuls à répondre de l'humiliation qu'ils se préparèrent.

Repoussant donc les insinuations de son frère,
Napoléon préféra se résigner, et il dicta à Lucien
l'abdication suivante en faveur de son fils :

« Français! en commençant la guerre pour soute-
« nir l'indépendance nationale, je comptais sur la
« réunion de tous les efforts, de toutes les volontés,
« et sur le concours de toutes les autorités natio-
« nales ; j'étais fondé à espérer le succès, et j'avais
« bravé toutes les déclarations des puissances contre
« moi. Les circonstances me paraissent changées. Je
« m'offre en sacrifice à la haine des ennemis de la
« France. Puissent-ils être sincères dans leurs dé-
« clarations, et n'en vouloir réellement qu'à ma per-
« sonne! Ma vie politique est terminée, et je pro-
« clame mon fils sous le titre de Napoléon II,
« empereur des Français. Les ministres actuels for-
« meront le conseil du gouvernement. L'intérêt que
« je porte à mon fils m'engage à inviter les chambres
« à organiser sans délai la régence par une loi. Unis-
« sez-vous tous pour le salut public et pour rester
« une nation indépendante ! »

On assure que l'Empereur avait eu d'abord l'intention d'envoyer une abdication pure et simple, mais

18,

que Lucien et Carnot le décidèrent à la stipuler en faveur de son fils. Quoi qu'il en soit, beaucoup de gens lui ont reproché cette résolution comme une faiblesse. S'il n'eût consulté que son caractère, il aurait su s'enterrer sous les ruines du pays plutôt que de quitter la partie aussi légèrement ; la longue série de combats soutenus depuis son départ de Moscou, jusqu'au pied de Montmartre, suffit pour le prouver. Mais comment aurait-il fait partager ses sentiments à toute la France, lorsque le gouvernement même venait lui déclarer qu'il fallait abdiquer une seconde fois ? Sans le concours du pays que pouvait-il faire ? Si Napoléon avait fait le sacrifice de son trône à Fontainebleau, alors qu'il avait plus de titres au dévouement de la nation et que l'ennemi était moins redoutable, pouvait-il le refuser aujourd'hui qu'il ne s'agissait plus que de lui et de son intérêt privé ? Pouvait-il consentir au bouleversement social et au ravage de la France pour satisfaire sa vanité militaire ?... Non... Sa résignation, loin d'être un acte de découragement, fut digne du reste de sa vie.

Décidé à se rendre en Amérique, Napoléon espérait que les alliés se contenteraient de l'otage qu'il allait mettre à leur discrétion, et qu'ils laisseraient la couronne sur la tête du fils de Marie-Louise. C'était, selon lui, le meilleur moyen d'opérer la fusion des intérêts anciens avec les nouveaux, et d'empêcher la guerre civile, qui pouvait faire parcourir encore une fois tout le cercle de 1789 à 1804 ; mais les engagements solennels pris à Vienne entre les souverains et Louis XVIII ne leur permettaient guère de consentir une semblable transaction, qui eût été tout au plus

excusable alors qu'il fut question d'empêcher la
grande lutte à laquelle on s'attendait, et dont on ne
croyait l'issue ni aussi sûre ni aussi prompte. Les
souverains avaient pu hésiter, avant la guerre, à faire
triompher le principe de la légitimité par la force
douteuse des armes; mais une fois vainqueurs, comment auraient-ils pu le repousser? De quel droit eus-
sent-ils empêché Louis XVIII, leur allié, de rentrer
dans sa capitale et de reprendre sa couronne? Du
reste, la précaution que Napoléon avait prise de stipuler pour son fils, demeura sans résultat par la singulière préoccupation des meneurs de la chambre, qui
se flattaient encore de dicter des lois à la France, et
de les faire accepter par l'Europe. Ne voulant ni
admettre Napoléon II, ni établir la régence, ils se
hâtèrent de former un gouvernement provisoire,
dans l'espoir de saisir les rênes de l'État, de traiter
de leur existence avec les souverains alliés, et de ne
reprendre le gouvernement des Bourbons qu'à des
conditions que les chambres imposeraient; rêve absurde dans la situation réelle des affaires, et qui ne
devait convenir ni à Louis XVIII, ni aux souverains
armés pour la cause de tous les trônes.

Ici la tâche de l'historien qui attache un grand prix
à l'impartialité, devient non moins embarrassante que
pénible. Comment, en effet, départira-t-il à chacun la
part de blâme et de louange qui lui appartient dans
ces grands conflits politiques? Traitera-t-il tous les
adversaires de Napoléon de sycophantes et de révolutionnaires? Comparera-t-il Fouché à un Catilina, et
fera-t-il des députés utopistes sur lesquels il s'appuyait, autant de Gracques; ou bien, marchant sur

les traces de l'ignoble abbé de Montgaillard, traitera-
t-il Napoléon et tous ses partisans d'ogres altérés de
sang ne rêvant que dévastation et pillage? Élèvera-
t-il, comme ce pamphlétaire, au rang de demi-dieux,
tous ceux qui contribuèrent à la ruine du système
impérial?

Sans pousser ainsi les choses à l'extrême, il sera
toujours embarrassant de qualifier les intrigues de
Fouché; les uns diront qu'elles furent le résultat
d'une habile prévision des maux qui menaçaient la
France après les déclarations du congrès de Vienne,
ainsi que du noble désir de la soustraire à une lutte
par trop inégale; d'autres les attribueront uniquement
à la tendance ambitieuse et remuante de son
esprit, autant qu'à ses doctrines encore un peu révolutionnaires. Devra-t-on imprimer le sceau de la tra-
hison ou distribuer des louanges à un ministre qui,
tout en conservant sa position officielle envers le chef
de l'État, correspondait avec ses ennemis, et traitait
clandestinement avec eux sans en avoir reçu la mission de personne?

Qui osera décerner des couronnes civiques aux
membres influents des chambres pour leur conduite
avant comme après la nouvelle du désastre de Waterloo? Croira-t-on qu'ils aient préservé la France
d'une ruine totale en usurpant une autorité que la
constitution ne leur donnait pas? ou bien les accu-
sera-t-on d'avoir ajouté à l'humiliation militaire du
pays par un lâche abandon du seul capitaine qui pouvait encore relever l'éclat de ses drapeaux et sauver
son indépendance?

En récapitulant tous les désastres qui pouvaient

fondre sur la France par la prolongation d'une lutte
à outrance, on ne saurait nier que l'alternative était
affreuse, et que le résultat du parti qui fut préféré
justifierait assez la conduite des chambres, si elles
eussent été toujours inspirées par le seul intérêt du
pays. Toutefois, qui peut répondre aussi que Napoléon n'eût pas balayé le sol français des ennemis, si
on l'eût puissamment et franchement secondé? Qui
peut affirmer que les charges de l'occupation et les
deux milliards imposés par les alliés ou payés aux
émigrés n'aient pas excédé de beaucoup les ravages
momentanés et passagers qu'aurait pu produire une
lutte de quelques mois? Et si les chambres, désespé-
rant peut-être trop tôt du salut public, avaient du
moins apprécié le seul remède aux maux dont le
pays était menacé, et qu'elles eussent hautement proclamé le rappel du gouvernement légitime, en solli-
citant du roi la proclamation de quelques principes
fondamentaux propres à rassurer les esprits contre
une réaction violente, on aurait pu croire à quelque
prévision politique de la part de leurs meneurs ; mais
toutes leurs mesures n'attestent-elles pas, au contraire, un misérable esprit de médiocrité, de haine
contre la force du gouvernement, de libéralisme vani-
teux, qui détruisit jusqu'au vernis de patriotisme
dont elles couvrirent leurs déclamations? Graves et
immenses questions sur lesquelles je ne me sens pas
appelé à prononcer, et que je me hâte de quitter
pour revenir à l'Empereur.

L'Europe, encore pleine des souvenirs de 1813 et
de 1814, ne comprit rien à la rapidité de cette seconde chute. L'empire de Carthage s'était écroulé de

même à Zama, parce que le héros carthaginois avait perdu, comme Napoléon, son influence au sein de la patrie. La monarchie de Frédéric le Grand, tombée aussi rapidement à Iéna, dut son existence au principe de la légitimité, si mal apprécié par les déclamateurs; Frédéric-Guillaume, plus heureux qu'Annibal et Napoléon, avait laissé sa nation dans le deuil et conservé l'amour de ses peuples. Dans ce grand naufrage, l'Empereur put dire néanmoins comme François Ier : Tout est perdu, hors l'honneur.

Napoléon ne quitta la France qu'au moment où l'ennemi s'approcha de sa retraite à la Malmaison. Les Anglo-Prussiens, instruits de son abdication et de l'anarchie qui lui avait succédé, excités même, à ce que l'on assure, par Fouché, s'étaient avancés rapidement sur Paris; ils auraient pu y devancer Grouchy, mais ils le suivirent de très-près. Wellington avait emporté d'emblée Péronne et Cambrai, où de mauvais citoyens le secondèrent ignominieusement. A la rapidité de l'invasion, on s'aperçut que l'Europe n'avait pas perdu les leçons données par Napoléon lui-même.

Cependant les Prussiens firent un mouvement hasardé en cherchant à tourner les ouvrages élevés au nord de Paris; ils passèrent la Seine seuls près du Pecq, tandis que Wellington restait à la rive droite, hors d'état de pouvoir les soutenir. L'armée, alors commandée par Davoust et campée dans le voisinage, aurait pu se jeter sur eux avec 70,000 braves et les anéantir, en les culbutant dans la Seine. Napoléon proposa au gouvernement provisoire de prendre le commandement de l'armée, et de le quitter après avoir vaincu. De basses intrigues l'empêchèrent de laver la tache de Waterloo, et de prendre congé de la France par une victoire qui lui eût permis de traiter honorablement avec les souverains alliés, au lieu de se rendre à discrétion à un général anglais et à un maréchal prussien, comme le gouvernement provisoire le fit. Loin d'accepter sa proposition, Fouché, qui correspondait déjà avec Wellington, avait même résolu de s'assurer de sa personne, de crainte qu'il n'allât se mettre de son propre mouvement à la tête de l'armée, et on le plaça en effet dans une espèce de captivité en le confiant à la garde du général Becker.

Cependant, l'enthousiasme des troupes était encore si grand, que ce triste gouvernement eut beaucoup de peine à faire suspendre les hostilités, et que le général Excelmans même détruisit une brigade entière près de Ville-d'Avray, au moment où on enchaînait le courage de ses camarades.

L'Empereur partit immédiatement après pour Rochefort. Le ministre Decrès lui proposa de partir du Havre sur un navire américain prêt à mettre à la voile ; mais c'était trop près des côtes anglaises, et il était un peu tard pour y arriver. Il aurait pu s'embarquer aussi à Bordeaux sur le navire frété par Joseph : les objections d'un fâcheux conseiller l'en détournèrent ; craignant de se livrer à ses ennemis dans un port de commerce, il se décida à monter à bord d'un bâtiment de l'État, et des factieux eurent le temps d'en prévenir les Anglais (1). Joseph s'em-

(1) L'Histoire de la restauration affirme positivement que Fou-

barqua seul à Bordeaux et arriva sans obstacle en
Amérique, sur le navire qu'il avait offert à son frère.
Celui-ci fut moins heureux ; serré de près à sa sortie
de Rochefort par la croisière anglaise, et voyant qu'il
serait difficile de lui échapper, il poussa droit à elle,
espérant se placer sous la sauvegarde de l'honneur
et des lois britanniques. Il écrivit au prince régent la
lettre suivante :

« Altesse royale, en butte aux factions qui divisent
« mon pays, et à l'inimitié des plus grandes puissances
« de l'Europe, j'ai terminé ma carrière politique. Je
« viens, comme Thémistocle, m'asseoir au foyer du
« peuple britannique. Je me mets sous la protection
« de ses lois, que je réclame de Votre Altesse Royale,
« comme du plus puissant, du plus constant, du plus
« généreux de mes adversaires. »

Cette lettre, remarquable par la simplicité de son
style et par la juste comparaison établie entre la position de Napoléon et celle de l'illustre Athénien, ne
put désarmer la haine de ses ennemis. Son mécompte
fut bien cruel. On a pensé qu'il eût été traité tout
différemment, s'il se fût présenté franchement au
quartier général de l'empereur Alexandre, en remettant son sort à la magnanimité de ses sentiments. Si
ce monarque eût jugé nécessaire au repos de l'Europe
de confiner son redoutable antagoniste dans un de
ses palais, il l'y eût traité du moins avec les égards
qui lui étaient dus, et non avec la barbarie de l'indi-
gne geôlier que l'Angleterre lui donna.

___

ché instruisit Wellington de cet embarquement, combiné de
manière à ce que l'Empereur n'échappât pas.

La postérité jugera le traitement qu'on lui a fait
essuyer. Prisonnier dans un autre hémisphère, il ne
lui restait qu'à défendre la réputation que l'histoire
lui préparait, et que les partis dénaturent encore,
selon leurs passions. La mort le surprit au moment
où il rédigeait ses commentaires, qui sont restés im-
parfaits, et ce fut sans doute un de ses plus grands
regrets. Toutefois il peut reposer en paix; des pyg-
mées ne sauraient obscurcir sa gloire : il a cueilli
dans les victoires de Montenotte, de Castiglione, d'Arcole, de Rivoli, des Pyramides, aussi bien qu'à celles
de Marengo, Ulm, Austerlitz, Iéna, Friedland,
Abensberg, Ratisbonne, Wagram, Borodino, Bautzen, Dresde, Champ-Aubert, Montmirail et Ligny,
assez de lauriers pour effacer le désastre de Waterloo; ses cinq codes seront des titres non moins ho-
norables aux suffrages de la postérité. Les monuments
élevés en France, en Italie, attesteront sa grandeur
aux siècles les plus reculés.

Ses adversaires lui ont reproché sa tendance à un
despotisme oriental, et je partageai longtemps cette
opinion avec eux : ce n'est qu'aux véritables hommes
d'État à le juger sous ce rapport ; ce qui parut un
crime aux yeux des utopistes deviendra un jour, aux
yeux des hommes éclairés, son plus beau titre de
sagesse et de prévoyance. Ce ne sera jamais avec
des idées creuses et abstraites, ou une sensiblerie
philanthropique, qu'une grande nation marchera à
de hautes destinées, ou même qu'elle pourra se défendre victorieusement contre de formidables voisins.

Les grandes sociétés européennes, quoi qu'en di-

sent tous les don Quichottes de la métaphysique
gouvernementale, ne seront jamais que des sociétés
égoïstes et rivales les unes des autres (1). Dès lors
toute société bien ordonnée doit investir ses chefs
de toute la force indispensable pour les rendre redoutables au dehors et respectés à l'intérieur. Hors
de ces conditions, il n'y aura dans son gouvernement
qu'anarchie, démagogie ou faiblesse. Avec les utopies
des Lafayette, des Lanjuinais, des B. Constant, on ne
fera que des *rois citoyens*, sans dignité et sans pouvoir, comme ceux de Pologne ou de Hongrie; ou
bien des républiques anarchiques, comme celle de
l'an IV et de l'an V. Toutes les subtiles déclamations
ne sauraient atténuer cette grande vérité. — Avec la
licence de la presse journalière et des élections populaires, aucune puissance continentale ne se maintiendrait durant cinquante années..., et la France
moins que toute autre, grâce à l'esprit passionné et
impétueux de la nation. En définitive l'expérience
prouvera qui connaissait mieux ses vrais intérêts, de
Napoléon ou des doctrinaires qui ont sapé sa puissance.

(1) Cette vérité, qui semble niaise à force d'être évidente, a été
bien singulièrement méconnue dans ces derniers temps, car le
célèbre rédacteur des *Lettres sur les Cent jours*, en parlant de la
chute de Napoléon, l'attribuait à la haine que lui portait le commerce, qui, selon le publiciste, *tend à effacer les rivalités entre
les peuples, et à rapprocher les individus aussi bien que les nations :* étrange doctrine qui dénote une ignorance inconcevable de
l'histoire de tous les siècles, puisque les grandes luttes de Carthage et de Rome, comme celles entre l'Angleterre, la France et
la Hollande, ne provinrent que de rivalités de marchands, plus
tenaces même que les rivalités féodales ou nationales.

Des hommes, aveuglés par leurs utopies, ont prétendu « qu'il s'était aliéné les classes éclairées des « Français en étouffant la pensée ; qu'il avait, *en la* « *frappant d'un sceptre magique,* arrêté les pro- « grès moraux et politiques de l'espèce humaine, « qui s'était sentie comprimée sous un poids énorme, « et retenue dans une douloureuse immobilité. » Ces grandes phrases ont pu fasciner de petits esprits ; mais le suffrage des hommes sensés lui restera, et la génération prochaine pourra déjà apprécier si le dévergondage de la pensée et de la presse n'est pas plus à craindre pour une nation comme la française, que les bornes qu'il voulut mettre à la licence (1) ; on verra si la morale publique et le caractère national auront beaucoup gagné à la rupture de tous les freins ; si le droit *de tout dire, de tout imprimer, de tout avilir,* formera des grands hommes, et fera faire des progrès réels à la raison humaine, ou bien si le résultat de ce prétendu âge d'or ne sera pas tout contraire.

Quant au reproche d'ambition sans frein et sans mesure, que nous ne lui avons pas épargné nousmême, il faut avouer que les apparences du moins le condamnèrent : cependant on n'a pas assez fait la part des nécessités de sa position, tant envers l'Angleterre qu'envers les autres puissances européennes, et surtout envers les princes émigrés et la révolution.

---

(1) Nous ne pouvons trop répéter que la censure impériale, absurde dans ses dispositions réglementaires, eût été bonne en elle-même, si elle n'avait atteint que la presse périodique, et qu'on l'eût confiée à des hommes plus indépendants par leur position.

Beaucoup d'invasions et d'agressions lui furent dictées par ces nécessités.

L'idée d'une grande domination européenne à opposer à la puissance anglaise l'entraîna certes au delà de toutes les bornes de la sagesse et de la modération, et contribua puissamment à sa chute; mais si cette idée était élevée et digne de lui, il est juste de dire que les moyens qu'il employa pour arriver à ses fins révoltèrent jusqu'à ses alliés et lui nuisirent beaucoup plus que ses projets mêmes.

Ici s'arrête notre tâche; cette brochure n'ayant pour but que de compléter une Vie de Napoléon racontée par lui-même, nous ne pensons pas devoir retracer les suites de l'invasion qui fut le résultat de la bataille de Waterloo et du départ de l'Empereur. Chacun sait la convention conclue, le 3 juillet, par Davoust et les délégués du gouvernement provisoire, pour l'évacuation de Paris, et la retraite de l'armée derrière la Loire. Nous ne pouvons néanmoins nous refuser à citer l'héroïque défense d'Huningue par le général Barbanègre avec une poignée de vétérans mutilés, et le combat glorieux, soutenu en Savoie par le colonel Bugeaud, avec son seul régiment, contre une division entière d'Autrichiens, à laquelle il fit plus de prisonniers qu'il n'avait de soldats; faits d'armes isolés, mais qui attestent l'esprit dont l'armée était animée.

Enfin, nous rappellerons aussi que les chambres reçurent le prix de leur déplorable conduite. Les commissaires qu'elles envoyèrent aux souverains furent à peine admis au quartier général, et, après quelques conférences, on finit par leur déclarer qu'il n'y avait pas lieu de traiter avec elles; enfin, un piquet de landwehr prussienne, placé un beau matin à la porte de leurs séances pour les empêcher de se réunir, apprit aux députés la vanité et la puérilité de leurs prétentions.

Peu de jours après, Louis XVIII rentra paisiblement aux Tuileries; excité par les royalistes les plus exaltés, il se livra d'abord aux idées réactionnaires les plus violentes; mais la France et l'Europe ne tardèrent pas à élever la voix contre les folies de ce parti exagéré. Tout le monde sait ce qui arriva après la mort de ce roi sage et paternel, et comment la révolution de 1830 vint prouver que le retour de l'île d'Elbe n'était pas si extravagant qu'on a bien voulu le dire. Les résultats en furent, à la vérité, affreux pour le pays; l'occupation étrangère prolongée jusqu'en 1818, la perte de plusieurs forteresses importantes, deux milliards payés aux alliés ou aux émigrés, l'humiliation militaire, pire peut-être que tout cela, telles furent les tristes suites d'une résolution que Napoléon se fût bien gardé de prendre, s'il avait pu en prévoir les conséquences. La nouvelle que les souverains alliés avaient quitté Vienne peu satisfaits de la marche du congrès, le bruit du projet formé pour lui enlever l'île d'Elbe et l'exiler loin de l'Europe, enfin le fameux discours de Ferrand, dont nous avons parlé, furent les trois grands motifs qui le portèrent à cette hardie tentative: si le départ des souverains eût été confirmé, tout porte à croire qu'il eût réussi; car il aurait eu le temps de négocier d'un côté, et de mettre de l'autre la nation entière sous les armes.

19.

Telle est la faiblesse des calculs humains, que la plus étonnante entreprise qui ait jamais été imaginée, réussit d'abord contre toutes les probabilités et les apparences, puis échoua par une nouvelle qui, se trouvant fausse, en détruisit toutes les chances de succès. Sans doute on est autorisé à penser que le gain de la bataille de Waterloo par Napoléon eût rendu la lutte encore longue et terrible; mais il faudrait une grande dose de crédulité pour se persuader qu'il eût pu empêcher les 350,000 alliés qui passaient le Rhin entre Bâle et Mannheim, de pousser jusqu'à Paris; car Napoléon, forcé de laisser 60,000 à 80,000 hommes en Belgique, contre Blücher et Wellington, n'aurait pu en réunir 100,000 sur la Moselle ou les Vosges. Or, Paris étant occupé, quelle résolution eût prise la France, divisée d'opinions, et placée entre deux chefs détrônés de fait ? Eût-elle imité l'Espagne et continué une guerre nationale à outrance, comme Napoléon et Carnot le voulaient ?

Si la coalition eût dû être négociée partiellement entre Londres, Berlin, Pétersbourg et Vienne, Napoléon aurait eu quatre mois de plus pour armer, et il eût sans doute réussi à détacher l'une ou l'autre des puissances. C'était donc sa principale chance de succès.

Quant aux chances de guerre, on a vu que les retards de Ney, le 15 et le 16 juin; celui apporté par Napoléon dans la reconnaissance et dans les mesures d'attaque de l'armée de Blücher; la direction vague et tardive assignée à Grouchy; enfin, la fausse route prise par celui-ci, le 18 au matin, furent les causes premières du désastre de Waterloo. Quelques militaires ont aussi pensé que Napoléon eût mieux fait de ne pas se jeter entre les deux armées alliées, ce qui laissait à chacune d'elles la possibilité de se réunir entièrement; ils croient qu'il aurait dû tomber, soit sur le centre de Blücher, par Namur, soit sur celui de Wellington, par Ath ou Mons. Il est certain que, par ce moyen, il aurait pu entamer l'une ou l'autre de ces armées : s'il eût bien battu le centre et la gauche des cantonnements de Wellington, la droite se fût retirée dans la direction d'Ostende ou d'Anvers; s'il eût accablé le centre des cantonnements de Blücher, la gauche aurait été forcée de se jeter sur Liége, et dès lors la jonction de ces parties morcelées eût été à peu près impossible. Mais l'un et l'autre de ces projets offrait des difficultés : pour tomber par Floreffe entre Charleroi et Namur, c'est-à-dire, entre les corps de Ziethen et de Pirch, on avait contre soi le terrain assez difficile situé à l'embouchure de la Sambre; d'ailleurs les troupes venant de la Flandre française auraient dû défiler durant un jour de plus devant le front des cantonnements ennemis. En tombant sur Braine ou Ath, au centre des cantonnements anglais, on n'eût pas empêché le corps du prince d'Orange de se rallier à Blücher avec tout ce qui se trouvait à la gauche; or, les 120,000 Prussiens portés à 180,000 par la moitié de l'armée de Wellington, et une portion du corps de Kleist, eussent encore été en mesure de disputer la Meuse à 120,000 Français. Les chances se multiplient à l'infini quand on s'abandonne dans le champ des suppositions gratuites. Le plan d'opérations adopté était si bien le plus convenable, que sans le temps perdu le 16 et le 17 juin au matin, il eût complétement réussi, et que même cette perte de temps eût été réparée le 18, si l'aile droite avait pris la direction de Moustier.

FIN.

NOTICE IMPORTANTE.

M. le duc d'Elchingen, fils du maréchal Ney, nous ayant fait quelques observations sur les fautes imputées à son père dans cette campagne de Waterloo, l'auteur lui a répondu la lettre suivante, qui jette un nouveau jour sur ces graves événements :

MONSIEUR LE DUC,

J'ai bien lu et médité les observations que vous m'avez fait l'honneur de m'adresser sur mon *Précis politique et militaire de la campagne de 1815*, imprimé depuis deux ans, mais non encore publié.

Tout en rendant la plus entière justice au sentiment filial qui vous porte à détruire les reproches adressés à monsieur votre père sur les retards de l'occupation des Quatre-Bras, dans les journées du 15 et du 16 juin, je dois rendre justice aussi à la franchise et à l'impartialité qui règnent dans toutes vos recherches et dans les convictions qui vous animent.

Vous avez dû remarquer par mon récit que j'exprimais des doutes réels sur ce qui s'est passé relativement aux Quatre-Bras, jusqu'au 16 juin à 9 heures du matin, moment où le général Flahaut partit, dit-on, de Charleroi avec l'ordre *écrit* de s'en emparer. Ces doutes ne vous ont pas entièrement satisfait, et vous voudriez me faire partager toutes vos convictions, ce qui n'est pas sans difficultés en présence des nombreuses contradictions qui résultent des documents publiés.

Napoléon et le général Gourgaud affirment, avec des circonstances qui semblent de nature à mériter confiance, qu'un premier ordre de faire occuper ce poste important avait été donné verbalement, le 15 au soir, au commandant de l'aile gauche.

A ces assertions vous opposez :

1° Une lettre du major général qui ne parle que de Gosselies et non des Quatre-Bras;

2° Les expressions et la date de la lettre dictée le 16 au général Flahaut;

3° Votre conversation avec le maréchal Soult en 1829;

4° La déclaration du général Heymès, témoin oculaire;

5° Une déclaration du général Reille, portant que le 16, à 7 heures du matin, M. le maréchal Ney lui avait dit qu'il attendait des ordres; d'où vous concluez qu'il n'en avait point encore reçu.

Les raisons que vous donnez sont puissantes, monsieur le duc; toutefois, la dernière surtout pourrait aussi être

expliquée différemment ; le maréchal aurait bien pu
avoir reçu des ordres verbaux dans la nuit, et dire
néanmoins au général Reille qu'il en attendait encore,
car il pouvait supposer qu'une modification grave sur-
viendrait dans les combinaisons de l'Empereur, par
suite des rapports qu'il venait de lui faire, selon son
propre dire.

Ma grande habitude des opérations de la guerre et
des travaux de l'état-major m'engage à vous retracer
un aperçu de la manière dont il me semble que les
choses ont dû se passer, sans prétendre néanmoins m'é-
riger en juge dans ce grand débat, et sans reproduire
ici le récit des opérations qui se trouve déjà dans mon
volume.

Napoléon, débouchant de Charleroi avec toute son
armée, avait devant lui deux chaussées formant presque un angle droit, c'est-à-dire, s'en allant en direction
entièrement divergente, l'une au nord sur Bruxelles,
où était Wellington, et l'autre à l'est sur Namur, où
était Blücher. La route de Charleroi à Bruxelles, se trouvant à la fois sur l'extrême gauche des cantonnements
anglo-néerlandais et sur l'extrême droite des cantonnements prussiens, était évidemment le point où la
jonction des deux armées devait s'opérer. Une route
transversale qui lie ces deux chaussées va de Namur
dirctement à Bruxelles et dans le Hainaut ; elle passe à
Sombreffe, joint la chaussée de Bruxelles aux Quatre-
Bras, et forme ainsi la base d'un triangle dont Charleroi
est le sommet.

Au moindre coup d'œil sur la carte, on voit qu'en
occupant Sombreffe, on empêchait les Prussiens venant
de Namur de s'unir aux Anglais, comme en occupant

les Quatre-Bras on empêchait les Anglais venant de
Nivelles et de Bruxelles de se joindre aux Prussiens.
Cette double combinaison ne pouvait échapper à l'œil
d'aigle de Napoléon ; aussi est-il avéré qu'il donna à
Grouchy l'ordre verbal de pousser le 15 jusqu'à Sombreffe, si la chose était possible. Ne doit-on pas en conclure dès lors qu'il dut témoigner aussi au commandant
de sa gauche le désir de pousser jusqu'aux Quatre-Bras,
puisque ce poste décisif se trouvait plus près du corps
de Reille que Sombreffe ne l'était des troupes de
Grouchy ?

Quant à moi, je crois connaître trop bien le génie de
l'Empereur pour douter qu'il ait conçu, dès le 15 juin,
le projet de faire occuper les Quatre-Bras, et devant
les assertions venues de Sainte-Hélène, je ne saurais
exprimer la moindre pensée contraire, bien que la
déclaration du duc de Dalmatie, citée à la page 30 de
votre brochure, jette quelque incertitude dans mon
esprit (1).

Admettant donc l'existence de cet ordre verbal du 15,
la question principale serait encore de savoir en quels
termes il fut conçu. Prescrivit-on au maréchal *de donner tête baissée sur tout ce qu'il trouverait dans cette
direction*, ainsi que l'affirme le livre IX de Sainte-
Hélène, page 81 ? ou bien se borna-t-on à lui recom-
mander, comme à Grouchy, de marcher le plus vive-

_____

(1) Le duc de Dalmatie déclara dans cette conversation que
l'ordre d'occuper les Quatre-Bras n'avait point été donné le 15 au
soir, mais seulement le 16 après le déjeuner de l'Empereur. Il
serait possible toutefois qu'un ordre verbal eût été donné le 15 sans
que le major général fût présent, et même sans qu'il en eût eu
connaissance.

ment possible sur la route de Bruxelles, en ayant soin
de pousser son avant-garde jusqu'aux Quatre-Bras ?
L'ordre ayant été donné verbalement, il serait bien
difficile de prononcer entre ces deux hypothèses; mais
tout ce que vous avez publié de renseignements dans
votre brochure, et tout ce qui s'est passé le 16, autorise
à admettre la seconde version. Dans ce cas, je crois
qu'on serait autorisé à tirer de ce fait des conclusions
différentes de celles qui ont été admises jusqu'à ce jour;
voici pourquoi :

L'infanterie de Vandamme et de Gérard ayant été
retardée le 15 par des incidents inutiles à rappeler, et
Grouchy n'ayant avec lui que de la cavalerie, fut arrêté
vers Gilly par deux divisions d'infanterie prussienne,
en sorte que, loin de pousser jusqu'à Sombreffe, il ne
put pas même occuper Fleurus, qui resta aux troupes
de Ziethen. Le maréchal Ney, se trouvant alors avec le
corps de Reille au delà de Gosselies, dut fort naturellement hésiter à se lancer avec trois divisions sur les
Quatre-Bras, avant que le corps d'Erlon, qui débouchait à peine de Marchiennes, l'eût rejoint; car la canonnade du combat de Gilly, qui grondait fort en
arrière de lui, pouvait rendre ce mouvement dangereux. A la vérité, il se présente bien à la guerre quelques circonstances décisives où il ne faut pas trop s'inquiéter de ce qui se passe sur les derrières (témoin le
peu d'importance que les Français attachèrent à la
colonne de Lusignan, débouchant derrière eux à la
bataille de Rivoli); mais ce sont des cas exceptionnels,
et en thèse générale on ne saurait donner trop d'attention à ce que l'ennemi peut entreprendre sur la ligne
de retraite. Aussi Reille poussa-t-il la division Girard à

droite sur Heppignies, pour se couvrir du côté de Fleurus, où Ziethen concentrait ses quatre divisions d'infanterie, afin d'y attendre les quatre divisions de Pirch,
qui devaient arriver dans la nuit.

Certes, si le maréchal Ney avait eu ses sept divisions
sous la main, il eût bien pu en porter quatre à Frasnes
et trois aux Quatre-Bras; mais sachant qu'il ne pouvait
pas compter ce jour-là sur le corps d'Erlon, et ignorant
absolument où se trouvaient les forces de Wellington,
peut-on lui faire un reproche d'avoir hésité à exécuter
ce mouvement partiel et un peu excentrique, au milieu
de deux armées qui ne comptaient pas moins de 220,000
combattants? Pour mon compte, je ne le pense pas, *à
moins que l'ordre de donner tête baissée jusqu'aux
Quatre-Bras n'ait été formellement exprimé* (1). Je vais
plus loin, je crois même que Napoléon, revenu à Charleroi après le combat de Gilly, dut se féliciter que sa
gauche fût restée à la hauteur du reste de l'armée qui
bivaquait autour de Lambusart; car ici cette aile n'était
point aventurée, et pouvait, dès cinq heures du matin,
aller occuper les Quatre-Bras, en même temps que
Grouchy marcherait vivement sur Sombreffe.

Cette vérité si palpable me porte à croire que, dans
son entrevue avec le maréchal Ney, la nuit du 15 au 16,
Napoléon exprima quelque chose de pareil (2). Il est

---

(1) Napoléon a écrit à Sainte-Hélène, d'après des souvenirs,
n'ayant pas de documents écrits : sa mémoire était bonne, il est
vrai; mais quand il s'agit d'ordres verbaux donnés dans le brou-
haha d'une opération comme le passage de la Sambre, on peut,
trois ans après, se faire illusion sur les expressions employées.

(2) Cela est si vrai, que, dans le livre IX, page 87, l'Empereur
dit formellement que, le 15 au soir, tout avait réussi à souhait,

bien certain du moins que, dès les premières paroles
qu'ils échangèrent, l'Empereur dut entretenir le maréchal de ce qui avait été fait et de ce qu'il s'agissait de
faire désormais : or, si le premier témoigna plus ou
moins de regrets que la gauche se fût arrêtée entre
Frasnes et Gosselies, puisque la droite était restée vers
Lambusart, *il dut nécessairement ajouter, ou qu'il fal-*
lait réparer ce retard dès le lendemain matin, ou qu'il
verrait au point du jour les ordres ultérieurs qu'il con-
viendrait de donner après les rapports de la nuit.

En effet, si le maréchal Ney n'avait pas revu l'Empereur, depuis la réception de l'ordre du 15, il est clair
qu'il eût été de son devoir de reprendre, dès le point
du jour, l'exécution différée la veille ; car, lorsqu'on
opère à la distance d'une marche du quartier général,
et qu'un mouvement prescrit se trouve retardé par des
incidents, il doit naturellement être exécuté aussitôt
que possible, tant qu'il n'est pas révoqué. Mais, dès
que les généraux avaient conféré longuement ensemble
dans la nuit, postérieurement à la non-exécution de
l'ordre, il en était tout autrement, et le maréchal pouvait regarder cet ordre antérieur comme non avenu,
s'il n'était formellement confirmé. On voit donc que
l'intention manifestée par l'Empereur dans cette entrevue constitue nécessairement le nœud de l'énigme. Laquelle des deux intentions susmentionnées exprima-t-il?
Voilà toute la question ; voilà aussi ce que Dieu seul
peut décider, s'il n'y a point eu de témoin de cette conférence.

et que son opération promettait un succès certain ; aveu naïf du
peu de prix qu'il attacha à l'occupation partielle et isolée des
Quatre-Bras, pour ce jour-là.

Pour moi, je ne puis me former une opinion que
sur des apparences ou des conjectures; or, voici quelles
sont ces apparences à mes yeux, si je me retrace bien
la situation d'esprit de l'Empereur et les données sur
lesquelles il devait juger.

Napoléon ne comptait certes pas surprendre les armées alliées endormies dans leurs cantonnements, qui
se trouvaient dispersés depuis Liége jusqu'à Malines;
mais il comptait prendre l'initiative et les battre séparément au moment où elles s'efforceraient de se concentrer. Le premier des éléments de victoire était donc la
rapidité, mais la rapidité de Rivoli, de Castiglione, et
surtout d'Abensberg et de Dresde.

On avait donné d'abord sur les Prussiens, et leur
résistance à Gilly annonçait que le gros de leurs forces
ne devait pas être fort éloigné. Cela put déterminer
l'Empereur à ne pas renouveler immédiatement l'ordre
formel de marcher dès le point du jour aux Quatre-
Bras, avant d'avoir reçu les rapports du matin. Grouchy
écrivit le 16, dès six heures, que de grandes colonnes
prussiennes, arrivant par la route de Namur, se formaient vers Ligny; son rapport, que j'ai vu, aurait pu
arriver à sept heures; mais les choses ne vont pas toujours aussi vite qu'elles devraient, et il est probable que
cette dépêche n'arriva guère avant neuf heures. Napoléon venait de dicter au général Flahaut l'ordre de marcher aux Quatre-Bras, et il annonçait dans cette lettre
que pareil ordre avait déjà été expédié antérieurement
par le maréchal Soult, mais qu'il envoyait son aide de
camp Flahaut, parce qu'il était mieux monté que les
officiers d'état-major, et qu'il arriverait plus vite.

Ces précautions attestent certainement qu'à ce moment l'Empereur attachait beaucoup de prix à la prompte exécution de ce mouvement, et autorisent à croire que, dès le point du jour, il en avait conçu la pensée, car il avait déjà prescrit au duc de Dalmatie de l'expédier, et dictait à huit heures la confirmation d'un ordre antérieur. Mais tout cela semble indiquer aussi que, dans la conférence de la nuit, aucun ordre semblable n'avait été donné au maréchal Ney ; si cela avait eu lieu, on n'aurait pas pris tant de soins pour lui envoyer un triple ordre après huit heures du matin, quand il eût dû être déjà aux Quatre-Bras, si l'ordre lui en avait été donné à minuit.

Ce raisonnement m'amène à conclure que si un premier ordre fut réellement donné le 15 au soir, l'Empereur avait énoncé dans la conférence de la nuit qu'il en enverrait de nouveaux le lendemain ; le contenu entier de la lettre du général Flahaut tend à le faire croire, ainsi que le dire de Reille.

Après avoir fait tout ce qui était en mon pouvoir pour éclaircir les événements du 15 et de la nuit, il me reste à pénétrer les mystères de la matinée du 16, et, dès mon début, je me trouve en présence d'une circonstance assez grave.

Le livre IX de Sainte-Hélène prétend que le maréchal Ney reçut *dans la nuit* l'ordre de se porter vivement sur les Quatre-Bras, et affirme en même temps que cet ordre lui fut porté par l'aide de camp général Flahaut (page 88). Or, votre brochure donne une lettre de ce général, affirmant que l'ordre en question lui fut dicté entre huit et neuf heures du matin, ce qui, au mois de juin, est bien loin de la nuit. A la vérité, le général Flahaut dit aussi que cette dictée eut lieu de bonne

20.

heure, expression qui m'a étonné, car, à cette époque
de l'année, huit et neuf heures ne sont pas de bonne
heure.

J'ai exposé plus haut comment on pouvait tirer des
expressions mêmes de cette dépêche l'induction qu'elle
contenait le premier ordre formel d'aller occuper les
Quatre-Bras. Une seule circonstance pourrait faire interpréter autrement les faits que je viens de citer : ce
serait celle que rapportent les écrits de Sainte-Hélène
(page 90 du livre IX) : « M. le maréchal Ney aurait
« suspendu une seconde fois son mouvement sur les
« Quatre-Bras, parce qu'il avait appris que la jonction
« des deux armées ennemies était opérée, et qu'il pen-
« sait que cela pouvait changer les déterminations de
« l'Empereur dont il demandait les ordres. »

Nous trouvons, en effet, à la page 57 de votre brochure, que le général Reille alla voir le maréchal à sept
heures du matin, et que celui-ci lui dit qu'il attendait
des ordres de l'Empereur, *auquel il rendait compte de
sa position.*

Il est probable que ce fait est le même que celui mentionné plus haut; mais il est exprimé de telle manière
que l'on ne saurait rien en conclure ni en faveur du
maréchal ni contre lui, car le rapport paraît avoir été
fait verbalement par un officier d'état-major, longtemps
après le départ du général Flahaut. Les ordres dictés
d'abord au maréchal Soult, et plus tard à ce général,
ne furent donc point motivés par ce rapport; et les
inductions que vous pouvez tirer de ces dépêches réitérées, pour prouver qu'il n'avait été donné dans la nuit
aucune confirmation de l'ordre verbal du 15, restent
dans toute leur force.

Au demeurant, il règne sur ce rapport du maréchal, comme sur beaucoup d'autres points, une grande obscurité ; le livre IX parle de l'arrivée de cet officier vers Fleurus au moment où l'on venait de reconnaître l'armée prussienne, c'est-à-dire vers midi. Or, le maréchal disait déjà, à sept heures, à Gosselies, au général Reille, qu'il rendait compte de sa position et demandait des ordres. L'officier chargé de ce soin fut dirigé sur Charleroi : comment n'y serait-il pas arrivé avant le départ de l'Empereur ?

D'un autre côté, je trouve dans la lettre du général Reille, qu'à neuf heures il reçut et expédia directement à l'Empereur un officier envoyé par le général Girard, annonçant que l'armée prussienne entière se formait *derrière Fleurus.* Une heure après, le maréchal Soult écrit de Charleroi au commandant de l'aile gauche, qu'un officier de lanciers vient d'annoncer que de grandes masses ennemies se montrent *du côté des Quatre-Bras.* Ceci fut écrit vers dix heures, et coïncide avec l'envoi de cet officier de Girard. Serait-ce peut-être là le rapport suspensif mentionné page 90 ? D'une autre part, comment l'Empereur, répondant au rapport de l'officier envoyé par Reille, aurait-il confondu les Quatre-Bras et Fleurus (1) ? Et, lorsqu'il faisait écrire dans la même dépêche que Blücher ayant passé la nuit à Namur, son armée ne pouvait rien détacher sur les Quatre-Bras, Napoléon ignorait-il tout ce que Grouchy,

---

(1) Cela serait étrange, mais n'est point impossible : préoccupé de la pensée que Reille marche vers Quatre-Bras contre les Anglais, Napoléon imagine peut-être que l'armée dont l'officier envoyé par ce général annonce le rassemblement, n'est autre qu'une portion de l'armée anglaise qui doit couvrir les Quatre-Bras.

Girard et Reille avaient rapporté, ou bien ajoutait-il plus de foi à ses agents secrets qui lui donnaient des renseignements contraires? C'est ce que le plus habile ne parviendrait pas à expliquer. En définitive, il est malheureux que ce rapport attribué au maréchal ne soit pas arrivé écrit jusqu'à nous, il aurait certainement éclairci bien des doutes sur les ordres donnés antérieurement.

Mais laissons là toutes les suppositions auxquelles ces divers incidents pourraient donner lieu, et revenons aux faits. Le général Reille écrit de Gosselies, à dix heures et un quart, que le général Flahaut lui a communiqué les ordres dont il était chargé pour le maréchal, ce qui fait supposer que ces ordres ont passé vers dix heures à Gosselies, et ne sont arrivés à Frasnes qu'à onze heures, comme le colonel Heymès l'indique. Le général Reille ajoute : « qu'il suspend sa marche sur « les Quatre-Bras en l'absence du maréchal Ney, par la « raison que des renseignements tout récents sur l'ar- « rivée de grandes masses prussiennes lui paraissaient « de nature à changer les dispositions de l'Empereur ; « il attend donc un ordre positif du maréchal. »

Cet incident, qui fut, certes, un malheur, occasionna un nouveau retard; mais ce n'était plus un événement décisif, d'après ce qui se passait à Fleurus et à Ligny. En effet, il est évident que si le maréchal ne recevait l'ordre à Frasnes que vers onze heures, et si Reille en attendait le résultat avant de se mettre en mouvement, il ne pouvait guère s'ébranler avant midi; dès lors il n'y avait nulle possibilité de commencer l'attaque des Quatre-Bras avant deux heures, ainsi que cela eut effectivement lieu. Or, à midi, on venait de reconnaître

l'armée prussienne derrière Ligny, et il était un peu
tard pour aller sur Genappe, quand il s'agissait d'aller à
Bry : mieux eût valu établir la moitié de la gauche en
position devant le prince d'Orange, pour masquer au
contraire ce corps, et disposer aussitôt de l'autre moitié
pour compléter la défaite des Prussiens, manœuvre que
les retards antérieurs n'empêchaient nullement d'exécuter.

On sait effectivement que si le premier et le plus
important des principes de guerre est de réunir le gros
de ses forces pour frapper un coup décisif sur une partie de la ligne ennemie, il en est un second qui en
forme le complément : c'est celui de ne pas compromettre l'aile affaiblie, et au contraire de la refuser de
manière à ce qu'elle ne puisse point être engagée dans
une lutte inégale. Un engagement sérieux aux Quatre-
Bras était donc un véritable malheur à cette heure-là.

Du reste, monsieur le duc, je vous renvoie à mon ouvrage, où j'ai exposé avec franchise ce que je pensais de
cette incertitude qui a dominé dans toute la matinée
du 16 ; et comme je m'aperçois que j'ai déjà écrit beaucoup trop longuement, je vais essayer de me résumer,
aussi bien que cela sera possible, au milieu de tant de
contradictions.

1° Il me paraît évident que Napoléon exprima, dès
le 15, le désir que l'on occupât les Quatre-Bras, ainsi
que Sombreffe. Mais comme la droite ne put dépasser
Lambusart le 15 au soir, il est probable qu'il se consola
de ce que la gauche fût restée entre Frasnes et Gosselies.

2° Dans tout état de cause, le retard apporté à cette
occupation du 15 devenait sans conséquence, puisqu'il

suffisait qu'elle eût lieu le 16 vers huit à neuf heures du matin. Si l'on voulait donc que la gauche s'ébranlât à cet effet dès le point du jour, il fallait nécessairement *en réitérer l'injonction dans la nuit,* car un ordre verbal, dont l'exécution se trouvait annulée par l'événement même de la veille, pouvait bien être considéré par le maréchal comme non avenu, dans l'idée assez probable que les événements amèneraient de nouvelles combinaisons le lendemain. D'ailleurs, pour rassembler les troupes un peu éparses de la gauche, il fallait bien que le corps d'Erlon reçût ces ordres avant le jour. Tout consiste donc à savoir ce qui fut dit et fait dans la conférence de la nuit.

3° Quant à la journée du 16, les deux ordres expédiés de Charleroi entre sept et neuf heures, l'un par le maréchal Soult, et l'autre par Napoléon lui-même, semblent avoir été en effet la première confirmation du mouvement prescrit, dit-on, le 15 au soir. L'une et l'autre de ces dépêches paraissent avoir précédé la réception des renseignements donnés par Grouchy sur l'arrivée de grandes masses prussiennes vers Ligny. Ce qui est étonnant, c'est qu'un ordre conçu sans doute par Napoléon vers six heures du matin ne soit arrivé à Frasnes qu'à onze heures, et n'ait reçu un commencement d'exécution qu'après midi (1).

(1) Pour admettre tous les récits de Sainte-Hélène et les bien concevoir, il faudrait 1° que le maréchal Ney eût reçu l'ordre verbal et pressant d'aller aux Quatre-Bras le 15 au soir; 2° qu'il en eût reçu de nouveau l'injonction formelle dans la nuit, c'est-à-dire, dans l'entrevue; 3° qu'il eût, dès sept heures, déclaré dans son rapport qu'il suspendait de nouveau l'exécution à cause de la jonction des deux armées ennemies; mais le contenu des lettres

4° Il est donc incontestable que tout l'espace de temps, depuis cinq heures du matin jusqu'à midi, ne fut point mis à profit d'une manière convenable, et, selon moi, tout le monde contribua un peu à cette faute; car il y eut retard dans la résolution définitive et lenteur dans la transmission des ordres comme dans l'exécution.

5° Quoi qu'il en soit, à midi la question change entièrement de face; on se trouve en présence de 90,000 Prussiens; l'intérêt tout stratégique de l'occupation des Quatre-Bras ne devient plus alors qu'un intérêt secondaire, devant l'avantage tactique d'avoir Ney plus près de soi, sous la main, afin de pouvoir jeter sans délai l'un de ses deux corps d'infanterie et sa grosse cavalerie sur le flanc droit des Prussiens, ce qui pouvait s'exécuter de Frasnes tout aussi bien que des Quatre-Bras. Sans doute, il eût été désirable que ce point central des Quatre-Bras fût occupé préalablement par le corps de Reille et la cavalerie légère de Colbert et de Lefèvre-Desnouettes; mais ce n'était plus là une question décisive, car, en définitive, on pouvait couvrir la route de Bruxelles en laissant ces corps en avant de Frasnes, pour masquer celui du prince d'Orange, et rien ne s'opposait à jeter d'Erlon et Valmy, avec 20,000 hommes, sur Bry, comme on le voulut trop tard.

6° Cette vérité, qu'aucun militaire éclairé ne contestera, prouve que la non-occupation des Quatre-Bras, le 16, quoique malheureuse au fond, n'aurait pas eu, dans le fait, les suites qu'on lui a attribuées, *si l'on eût*

portées par Flahaut ou envoyées par le maréchal Soult est réellement peu d'accord avec cette supposition.

*donné à temps des ordres pour le meilleur emploi pos-
sible de la gauche*, ce qui ne fut fait qu'à trois heures
après midi.

Voilà, monsieur le duc, ce qui me semble ressortir de
toutes les minutieuses investigations auxquelles je me suis
livré. En conséquence, je demeure convaincu que si le
maréchal Ney reçut l'ordre verbal du 15 au soir, et s'il
prit sur lui d'en différer l'exécution, ce ne fut qu'un
petit malheur très-facile à réparer dès le 16 au matin.
Quant à cette journée du 16 juin, je crois aussi que
l'on ne saurait lui adresser aucun reproche, *à moins
que dans la conférence de la nuit à Charleroi, il ne lui
eût été réitéré verbalement l'injonction formelle de marcher au point du jour sur les Quatre-Bras*, chose incer-
taine et presque impossible à constater, s'il est vrai que
le maréchal Soult n'ait pas été présent à l'entrevue (1).

Sans doute le maréchal Ney eût agi habilement en
marchant à tout risque le 16 au matin sur ce point important : mais il y a loin d'une hésitation motivée par
une juste prudence, avec la non-exécution d'ordres formellement reçus, et, pour blâmer cette prudence, il
faudrait encore savoir si, dans la conférence de la nuit,
l'Empereur ne donna pas à entendre qu'il enverrait de
nouveaux ordres au point du jour, circonstance qui eût
lié les bras au maréchal.

Dans tout ce qui précède, j'ai admis l'existence de

(1) La déclaration du maréchal Soult, mentionnée dans votre
brochure, page 50, porte que l'Empereur ne donna ordre d'occuper les Quatre-Bras que le 16, après son déjeuner ; mais elle ne
dément pas positivement ce qui a pu être dit de vive voix, et
n'indique pas que le major général ait assisté à la conférence de
la nuit.

l'ordre verbal du 15 au soir. Si vous parveniez à démontrer que l'ordre écrit et porté par Flahaut le 16 au
matin fut le premier et le seul qui ait prescrit l'occupation des Quatre-Bras, alors le maréchal serait certainement plus que justifié de tout reproche et à l'abri de
toute critique. Cette expression franche et sincère vous
prouvera à quel point je suis disposé à rendre justice à
monsieur votre père, tout en conservant mon impartialité
d'historien. Cette impartialité est, j'espère, assez bien
établie, pour que personne ne songe à me reprocher de
vouloir porter la moindre atteinte à l'immense gloire de
Napoléon, car personne ne l'a proclamée plus haut que
moi. Un grand capitaine peut être conduit par de faux
renseignements à faire des suppositions inexactes sur les
intentions de l'ennemi, et se trouver entraîné par là à
commettre une faute réelle, qui n'en serait point une,
si les suppositions avaient été fondées. L'Empereur eut
sans doute de puissants motifs pour ne prendre un parti
décisif qu'à trois heures; et ce furent probablement
les mêmes motifs qui le déterminèrent à n'envoyer
Flahaut qu'à neuf heures, pour prescrire un mouvement qui, à cette heure, aurait dû être déjà exécuté.

Je n'ai pas cru devoir relever le reproche que plusieurs militaires ont fait au maréchal d'avoir rappelé
d'Erlon à lui le 16 au soir, lorsqu'il vit le corps de
Reille accablé par des forces supérieures : ce fut un incident malheureux par le fait, mais la plupart des
généraux à sa place eussent sans doute agi de même.
Le maréchal, appréciant l'importance de la route de
Bruxelles à Charleroi, qui était la ligne de retraite de
l'armée, jugea nécessaire de ne pas contre-balancer,

par un désastre sur ce point, le succès partiel que l'Empereur pouvait obtenir à Ligny ; une telle résolution est du nombre de celles qui peuvent ne pas être opportunes selon la tournure des affaires, mais qu'aucun militaire éclairé ne saurait condamner. Aussi l'Empereur n'exprima-t-il, le lendemain (17 juin), d'autre blâme que celui d'avoir morcelé la gauche ; il aurait donc voulu ou que les deux corps vinssent à Bry, ou bien qu'ils combattissent réunis aux Quatre-Bras : or, puisqu'on se battait déjà sur le dernier point par ses ordres, comment aurait-on pu tirer Reille du feu pour l'envoyer avec Erlon à Bry ? On objectera alors qu'il ne fallait pas détacher celui-ci isolément. Mais on sait bien qu'il reçut par Labédoyère l'ordre direct de marcher sur Bry ; mouvement qui eût, certes, procuré une immense victoire, s'il eût été mené à fin.

Je terminerai ma longue épître par quelques mots sur la bataille de Waterloo, où monsieur votre père déploya toute sa brillante valeur. Ce qu'on a dit ou imprimé, relativement à l'emploi prématuré de la cavalerie, ne m'a paru qu'une excuse puérile ; le véritable mal fut de n'avoir pas pu la soutenir par l'infanterie.

A mon avis, quatre causes principales amenèrent ce désastre :

La première et la plus influente fut l'arrivée, habilement combinée, de Blücher, et le faux mouvement qui favorisa cette arrivée ;

La deuxième fut l'admirable fermeté de l'infanterie anglaise, jointe au sang-froid et à l'aplomb de ses chefs ;

La troisième, c'est le temps horrible qui avait détrempé les terres, rendu les mouvements offensifs si pénibles, et retardé jusqu'à une heure l'attaque qui aurait dû être faite dès le matin;

La quatrième fut l'inconcevable formation du premier corps en masses beaucoup trop profondes pour la première grande attaque.

La formation de masses aussi lourdes et aussi exposées aux ravages du feu fut une erreur incontestable... A qui doit-on l'imputer? C'est ce qui demeurera encore longtemps un problème.

Y eut-il une méprise causée par la double signification du terme de *colonnes par divisions*, qui s'applique indifféremment à des divisions de quatre régiments ou à des divisions de deux pelotons? Fatale confusion de mots dont personne n'a encore songé à purger la technologie militaire.

Fut-ce bien, au contraire, l'intention des chefs de l'armée française, de former ainsi les troupes de manière à ce que les divisions de quatre régiments ne formassent qu'une seule colonne? Voilà ce qu'il serait intéressant de savoir, et qu'on ne saura sans doute jamais.

Du reste, comme je l'ai dit, ces causes n'étaient que secondaires, et la plus décisive fut toujours l'arrivée de Blücher, avec 65,000 Prussiens sur le flanc et les derrières de la ligne française; c'est un de ces événements qu'il n'est pas toujours donné à la prudence humaine de conjurer.

Vous trouverez peut-être ma lettre pleine de redites et peu concluante en réalité : pour ce qui concerne les répétitions, elles étaient indispensables, afin de donner plus de clarté à mes raisonnements; quant à mes conclusions, si elles ne sont encore qu'éventuelles, c'est que, loin de prétendre être juge, je dois me borner au rôle de simple rapporteur.

Agréez l'assurance de tous mes sentiments.

GÉNÉRAL J***.

Paris, 1er septembre 1841.

P. S. Je vous envoie ci-joint un exemplaire imprimé de la lettre que je me propose de joindre à la fin de mon *Précis politique et militaire de* 1815. En relisant avec attention cette lettre, je m'aperçois que trois observations essentielles m'ont échappé, et je crois devoir vous les signaler.

La première tend à fortifier l'opinion que Napoléon ne dut pas attacher de prix à l'occupation isolée des Quatre-Bras par l'aile gauche, dès que la droite ne pouvait pas pousser jusqu'à Sombreffe. En effet, il est évident que si les deux points étaient occupés simultanément, la position offrait alors les avantages les plus brillants unis à toute sécurité; car la droite se trouvait couverte contre les Anglais, tandis que la gauche se trouvait à l'abri de toute inquiétude du côté des Prussiens, qui ne pouvaient plus arriver sur elle par Sombreffe. Ainsi les deux masses de l'armée ne se soutenaient pas seulement réciproquement, mais elles se délivraient même de tout souci d'être prises en flanc et à revers, et elles avaient de plus une réserve de 40,000 hommes d'élite qui marcheraient en intermédiaire pour les appuyer toutes deux.

Supposons au contraire la gauche de ces masses poussée isolément jusqu'aux Quatre-Bras sans que Sombreffe soit fortement occupé : alors il y a danger manifeste pour ce corps ainsi aventuré entre deux grandes armées, car il peut se trouver assailli de tous les côtés, de Bruxelles par les Anglais, de Nivelles par les Belges, et de Sombreffe par toute l'armée prussienne.

Il en serait de même de l'aile droite si elle poussait, le 15 au soir, jusqu'à Sombreffe, sans que l'aile gauche occupât les Quatre-Bras. Il est ainsi incontestable que l'occupation des deux points devait être simultanée pour qu'elle constituât une manœuvre habile et importante dans ses résultats.

Une autre réflexion m'est venue relativement à ces ordres du 15 juin ; c'est que ce jour-là le maréchal Grouchy ne commandait que les réserves de cavalerie et n'avait pas un homme d'infanterie à sa disposition, puisque ce ne fut que le 16 au matin que le commandement de l'aile droite lui fut conféré. Il serait donc bien possible que Napoléon eût recommandé au chef de sa cavalerie de pousser avec ses nombreux escadrons jusqu'à Sombreffe, non pour y prendre une position de combat, mais seulement comme une forte reconnaissance dans le double but de donner des renseignements certains, et de gêner en même temps les mouvements des alliés pour concentrer leurs forces par cette route transversale. Alors, dès le 16 au matin, les deux masses d'infanterie se seraient mises en devoir d'occuper militairement et simultanément les deux points décisifs de toute l'opération, pour rendre ainsi impossible la jonction des armées ennemies.

Cette circonstance du commandement de la cavalerie, à laquelle je n'avais pas donné assez d'attention, autoriserait bien à croire que Napoléon put ordonner à Grouchy, dans la journée du 15, de pousser jusqu'à Sombreffe, sans songer à porter des masses d'infanterie isolément aux Quatre-Bras. L'encombrement qui existait aux divers ponts de la Sambre, et les retards éprouvés par l'infanterie, fortifient encore cette opinion. Du reste, je crois avoir démontré qu'il était plus prudent, et en même temps suffisant, de s'emparer des Quatre-Bras dès le 16 au matin.

La dernière observation que je crois juste de faire est relative à la résolution que prit le général Reille de ne pas mettre en marche son corps le 16 à dix heures du matin, dès que le général Flahaut lui eût communiqué les ordres qu'il portait à M. le maréchal Ney. Je ne pense pas qu'on puisse lui adresser le moindre reproche à ce sujet : il ne faut pas oublier que le général Reille venait d'envoyer à neuf heures la nouvelle certaine de la présence de toute l'armée prussienne vers Ligny : il devait en conclure que la gauche serait appelée à prendre part à l'attaque de cette armée, et que ce serait un malheur si après de tels renseignements il s'engageait sur la route de Genappe quand il faudrait se rabattre à droite vers Bry. Ce raisonnement était plus que logique, il était fondé sur les lois de la grande tactique, et l'Empereur lui-même, s'il eût été présent à Gosselies à la réception des renseignements donnés par le général Girard, n'aurait pas agi autrement que Reille. Il faut ajouter encore que les ordres de l'Empereur étaient adressés au maréchal Ney, et que c'était de celui-ci qu'il devait attendre la décision définitive du mouvement qu'il s'agirait de faire.

Du reste, ce retard eut une faible influence sur la marche des affaires ; il n'eut de résultat que sur la pre-

mière période du combat des Quatre-Bras entre deux et
quatre heures. Si Reille, suivi plus tard par d'Erlon, fût
arrivé sur ce point à midi, il est probable que le prince
d'Orange en eût été délogé avant l'arrivée de Wellington
et des Anglais venant de Bruxelles ou de Nivelles : le
maréchal Ney, au lieu d'être repoussé et forcé à la retraite sur Frasnes, se fût maintenu ; mais c'était là tout
ce qu'on pouvait espérer de lui, puisque vers le soir il
aurait eu plus de 40,000 hommes sur les bras. Il n'aurait pu même conserver ce poste que dans la supposition
où d'Erlon eût été avec lui, en sorte que cela n'eût pas
donné un homme de plus pour combattre l'armée prussienne : le maréchal eût repoussé Wellington au lieu
d'être repoussé par lui ; voilà tout.

La bataille de Ligny ne pouvait donc avoir des suites
décisives qu'en y portant tout ou moitié de l'aile gauche ; et pour obtenir ce résultat, le moyen le plus sûr
était de faire ce que voulut sans doute faire Reille : arrêter la gauche derrière le ruisseau de Pont-à-Miqueloup,
entre Gosselies et Frasnes, pour en diriger une forte
partie droit à Bry sur le flanc des Prussiens.

Je pense, monsieur le duc, que tous les militaires
instruits seront de mon avis.

Agréez les nouvelles expressions de tous mes sentiments.

GÉNÉRAL J*****.

Paris, 15 octobre 1841.

TABLE DES MATIÈRES.

—◦◦◦—

www.ingramcontent.com/pod-product-compliance
Lightning Source LLC
Chambersburg PA
CBHW070809270326
41927CB00010B/2362